Karl Marx

Karl Marx

Lohnarbeit und Kapital

Lohn, Preis und Profit

Verlag Das Freie Buch
München 2024

Herausgegeben im Auftrag des Zentralkomitee
des Arbeiterbund für den Wiederaufbau der KPD

Gesamtherstellung, Verlag und Vertrieb:
Verlag Das Freie Buch GmbH
Tulbeckstraße 4f · 80339 München
www.VerlagDasFreieBuch.de

Printed in the Federal Republic of Germany

Zweite Auflage 2024

ISBN 3-922431-76-3

EINLEITUNG
[ZU KARL MARX' „LOHNARBEIT UND KAPITAL" (AUSGABE 1891)] [1]

Die nachfolgende Arbeit erschien als eine Reihe von Leitartikeln in der „Neuen Rheinischen Zeitung" vom 5. April 1849 an. Ihr liegen zugrunde die Vorträge, die Marx 1847 im Brüsseler Deutschen Arbeiterverein[2] gehalten. Sie ist im Abdruck Fragment geblieben; das in Nr. 269 am Schluß stehende „Fortsetzung folgt" blieb unerfüllt infolge der sich damals überstürzenden Ereignisse, des Einmarsches der Russen in Ungarn, der Aufstände in Dresden, Iserlohn, Elberfeld, der Pfalz und Baden,[3] die die Unterdrückung der Zeitung selbst (19. Mai 1849) herbeiführten. Das Manuskript dieser Fortsetzung hat sich im Nachlaß von Marx nicht vorgefunden.[4]

„Lohnarbeit und Kapital" ist in mehreren Auflagen als Separatabdruck in Broschürenform erschienen, zuletzt 1884, Hottingen-Zürich, Schweizerische Genossenschaftsbuchdruckerei. Diese bisherigen Abdrücke enthielten den genauen Wortlaut des Originals. Der vorliegende Neuabdruck soll aber in nicht weniger als 10000 Exemplaren als Propagandaschrift verbreitet werden, und da mußte sich mir die Frage aufdrängen, ob unter diesen Umständen Marx selbst eine unveränderte Wiedergabe des Wortlauts billigen würde.

In den vierziger Jahren hatte Marx seine Kritik der politischen Ökonomie noch nicht zum Abschluß gebracht. Dies geschah erst gegen Ende der fünfziger Jahre. Seine vor dem ersten Heft „Zur Kritik der Politischen Oekonomie" (1859)[5] erschienenen Schriften weichen daher in einzelnen Punkten von den seit 1859 verfaßten ab, enthalten Ausdrücke und ganze Sätze, die, vom Standpunkt der spätern Schriften aus, schief und selbst unrichtig erscheinen. Nun ist es selbstredend, daß in gewöhnlichen, für das Gesamtpublikum bestimmten Ausgaben auch dieser in der geistigen Entwicklung des Verfassers mit einbegriffene frühere Standpunkt seinen Platz hat, daß Verfasser wie Publikum ein unbestrittnes Recht haben auf unveränderten Abdruck dieser älteren Schriften. Und es wäre mir nicht im Traum eingefallen, ein Wort daran zu ändern.

Anders, wenn die neue Auflage so gut wie ausschließlich zur Propaganda unter Arbeitern bestimmt ist. Da würde Marx unbedingt die alte, von 1849 datierende Darstellung mit seinem neuen Standpunkt in Einklang gebracht haben. Und ich bin mir gewiß, in seinem Sinn zu handeln, wenn ich *für diese Ausgabe* die wenigen Änderungen und Zusätze vornehme, die erforderlich sind, um diesen Zweck in allen wesentlichen Punkten zu erreichen. Ich sage also dem Leser im voraus: Dies ist die Broschüre, nicht wie Marx sie 1849 niedergeschrieben hat, sondern, annähernd, wie er sie 1891 geschrieben hätte. Der wirkliche Text ist zudem in so zahlreichen Exemplaren verbreitet, daß dies hinreicht, bis ich ihn in einer spätern Gesamtausgabe wieder unverändert abdrucken kann.

Meine Änderungen drehen sich alle um einen Punkt. Nach dem Original verkauft der Arbeiter für den Arbeitslohn dem Kapitalisten seine *Arbeit*; nach dem jetzigen Text seine Arbeits*kraft*. Und wegen dieser Änderung bin ich Auskunft schuldig. Auskunft den Arbeitern, damit sie sehn, daß hier keine bloße Wortklauberei vorliegt, sondern vielmehr einer der wichtigsten Punkte der ganzen politischen Ökonomie. Auskunft den Bourgeois, damit sie sich überzeugen können, wie gewaltig die ungebildeten Arbeiter, denen man die schwierigsten ökonomischen Entwicklungen mit Leichtigkeit verständlich machen kann, unsern hochnäsigen „Gebildeten" überlegen sind, denen solche verzwickte Fragen unlöslich bleiben ihr Leben lang.

Die klassische politische Ökonomie übernahm aus der industriellen Praxis die landläufige Vorstellung des Fabrikanten, als kaufe und bezahle er die *Arbeit* seiner Arbeiter. Diese Vorstellung hatte für den Geschäftsgebrauch, die Buchführung und Preiskalkulation des Fabrikanten ganz gut ausgereicht. Naiverweise übertragen in die politische Ökonomie, richtete sie hier gar wundersame Irrungen und Wirrungen an.

Die Ökonomie findet die Tatsache vor, daß die Preise aller Waren, darunter auch der Preis der Ware, die sie „Arbeit" nennt, fortwährend wechseln; daß sie steigen und fallen infolge von sehr mannigfaltigen Umständen, die häufig mit der Herstellung der Ware selbst in gar keinem Zusammenhang stehn, so daß die Preise in der Regel durch den puren Zufall bestimmt scheinen. Sobald nun die Ökonomie als Wissenschaft auftrat, war eine ihrer ersten Aufgaben, das Gesetz zu suchen, das sich hinter diesem, scheinbar die Warenpreise beherrschenden Zufall verbarg und das in Wirklichkeit diesen Zufall selbst beherrschte. Innerhalb der fortwährenden, bald nach oben, bald nach unten schwankenden und schwingenden Warenpreise suchte sie nach dem festen Zentralpunkt, um den herum diese Schwankungen und Schwingungen sich vollziehn. Mit einem Worte: Sie ging von den Waren*preisen* aus, um als deren regelndes Gesetz den Waren*wert* zu suchen, aus dem sich alle Preisschwankungen erklären, auf den sie schließlich alle wieder zurückführen sollten.

Die klassische Ökonomie fand nun, daß der Wert einer Ware bestimmt werde durch die in ihr steckende, zu ihrer Produktion erheischte Arbeit. Mit dieser Erklärung begnügte sie sich. Und auch wir können einstweilen hierbei stehnbleiben. Nur um Mißverständnissen vorzubeugen, will ich daran erinnern, daß diese Erklärung heutzutage völlig ungenügend geworden ist. Marx hat zuerst die wertbildende Eigenschaft der Arbeit gründlich untersucht und dabei gefunden, daß nicht jede scheinbar oder auch wirklich zur Produktion einer Ware notwendige Arbeit dieser Ware unter allen Umständen eine Wertgröße zusetzt, die der verbrauchten Arbeitsmenge entspricht. Wenn wir also heute kurzweg mit Ökonomen wie Ricardo sagen, der Wert einer Ware bestimme sich durch die zu ihrer Produktion notwendige Arbeit, so unterstellen wir dabei stets die von Marx gemachten Vorbehalte. Dies genügt hier; das Weitre findet sich bei Marx in „Zur Kritik der Politischen Oekonomie", 1859,[6] und im ersten Band des „Kapital"[7].

Sobald aber die Ökonomen diese Wertbestimmung durch die Arbeit anwandten auf die Ware „Arbeit", gerieten sie von einem Widerspruch in den andern. Wie wird der Wert der „Arbeit" bestimmt? Durch die in ihr steckende notwendige Arbeit. Wieviel Arbeit aber steckt in der Arbeit eines Arbeiters für einen Tag, eine Woche, einen Monat, ein Jahr? Die Arbeit eines Tags, einer Woche, eines Monats, eines Jahrs. Wenn die Arbeit das Maß aller Werte ist, so können wir den „Wert der Arbeit" eben nur ausdrücken in Arbeit. Wir wissen aber absolut nichts über den Wert einer Stunde Arbeit, wenn wir nur wissen, daß er gleich einer Stunde Arbeit ist. Damit sind wir also kein Haarbreit näher am Ziel; wir drehen uns in einem fort im Kreise.

Die klassische Ökonomie versuchte es also mit einer andern Wendung; sie sagte: Der Wert einer Ware ist gleich ihren Produktionskosten. Aber was sind die Produktionskosten der Arbeit? Um diese Frage zu beantworten, müssen die Ökonomen der Logik ein bißchen Gewalt antun. Statt der Produktionskosten der Arbeit selbst, die leider nicht zu ermitteln sind, untersuchen sie nun, was die Produktionskosten des *Arbeiters* sind. Und diese lassen sich ermitteln. Sie wechseln je nach Zeit und Umständen, aber für einen gegebnen Gesellschaftszustand, eine gegebne Lokalität, einen gegebnen Produktionszweig sind sie ebenfalls gegeben, wenigstens innerhalb ziemlich enger Grenzen. Wir leben heute unter der Herrschaft der kapitalistischen Produktion, wo eine große, stets wachsende Klasse der Bevölkerung nur leben kann, wenn sie für die Besitzer der Produktionsmittel – der Werkzeuge, Maschinen, Rohstoffe und Lebensmittel – gegen Arbeitslohn arbeitet. Auf Grundlage dieser Produktionsweise bestehen die Produktionskosten des Arbeiters in derjenigen Summe von Lebensmitteln – oder deren Geldpreis –, die durchschnittlich nötig sind, ihn arbeitsfähig zu machen, arbeitsfähig zu erhalten und ihn bei seinem Abgang durch Alter, Krankheit oder Tod durch einen neuen Arbeiter zu ersetzen, also die Arbeiterklasse in der benötigten Stärke fortzupflanzen. Nehmen wir an, der Geldpreis dieser Lebensmittel sei im Durchschnitt drei Mark täglich.

Unser Arbeiter erhält also von dem ihn beschäftigenden Kapitalisten einen Lohn von drei Mark täglich. Der Kapitalist läßt ihn dafür, sage zwölf Stunden täglich, arbeiten. Und zwar kalkuliert dieser Kapitalist etwa folgendermaßen:

Nehmen wir an, unser Arbeiter – Maschinenschlosser – habe ein Stück einer Maschine zu arbeiten, das er in einem Tage fertigmacht. Der Rohstoff – Eisen und Messing in der nötigen vorgearbeiteten Form – koste 20 M. Der Verbrauch an Kohlen der Dampfmaschine, der Verschleiß dieser selben Dampfmaschine, der Drehbank und der übrigen Werkzeuge, womit unser Arbeiter arbeitet, stelle dar, für einen Tag und auf seinen Anteil berechnet, einen Wert von 1 M. Der Arbeitslohn für einen Tag ist nach unsrer Annahme 3 M. Macht zusammen für unser Maschinenstück 24 M. Der Kapitalist rechnet aber heraus, daß er dafür im Durchschnitt einen Preis von 27 M. von seinen Kunden erhält, also 3 M. über seine ausgelegten Kosten.

Woher kommen diese 3 M., die der Kapitalist einsteckt? Nach der Behauptung der klassischen Ökonomie werden die Waren im Durchschnitt zu ihren Werten, d.h. zu Preisen verkauft, die den in diesen Waren enthaltnen notwendigen Arbeitsmengen entsprechen. Der Durchschnittspreis unsres Maschinenteils – 27 M. – wäre also gleich seinem Wert, gleich der in ihm steckenden Arbeit. Aber von diesen 27 M. waren 21 M. bereits vorhandne Werte, ehe unser Maschinenschlosser zu arbeiten anfing. 20 M. steckten im Rohstoff, 1 M. in Kohlen, die während der Arbeit verbrannt, oder in Maschinen und Werkzeugen, die dabei gebraucht und in ihrer Leistungsfähigkeit bis zum Wert dieses Betrags geschmälert wurden. Bleiben 6 M., die dem Wert des Rohstoffs zugesetzt worden sind. Diese sechs Mark können aber nach der Annahme unsrer Ökonomen selbst nur herstammen aus der dem Rohstoff durch unsern Arbeiter zugesetzten Arbeit. Seine zwölfstündige Arbeit hat danach einen neuen Wert von sechs Mark geschaffen. Der Wert seiner zwölfstündigen Arbeit wäre also gleich sechs Mark. Und damit hätten wir also endlich entdeckt, was der „Wert der Arbeit" ist.

„Halt da!" ruft unser Maschinenschlosser. „Sechs Mark? Ich habe aber nur drei Mark erhalten! Mein Kapitalist schwört Stein und Bein, der Wert meiner zwölfstündigen Arbeit sei nur drei Mark, und wenn ich sechs verlange, so lacht er mich aus. Wie reimt sich das?"

Kamen wir vorhin mit unserm Wert der Arbeit in einen Zirkel ohne Ausweg, so sind wir jetzt in einem unlöslichen Widerspruch erst recht festgeritten. Wir suchten den Wert der Arbeit und fanden mehr, als wir brauchen können. Für den Arbeiter ist der Wert der zwölfstündigen Arbeit drei Mark, für den Kapitalisten sechs Mark, wovon er drei dem Arbeiter als Lohn zahlt und drei selbst in die Tasche steckt. Also hätte die Arbeit nicht einen, sondern zwei Werte, und sehr verschiedne obendrein!

Der Widerspruch wird noch widersinniger, sobald wir die in Geld ausgedrückten Werte auf Arbeitszeit reduzieren. In den zwölf Stunden Arbeit wird ein Neuwert von sechs Mark geschaffen. Also in sechs Stunden drei Mark – die Summe, die der Arbeiter für zwölfstündige Arbeit erhält. Für zwölfstündige Arbeit erhält der Arbeiter als gleichen Gegenwert das Produkt von sechs Stunden Arbeit. Entweder also hat die Arbeit zwei Werte, wovon der eine doppelt so groß wie der andre, oder zwölf sind gleich sechs! In beiden Fällen kommt reiner Widersinn heraus.

Wir mögen uns drehen und wenden, wie wir wollen, wir kommen nicht heraus aus diesem Widerspruch, solange wir vom Kauf und Verkauf der Arbeit und vom Wert der Arbeit sprechen. Und so ging es den Ökonomen auch. Der letzte Ausläufer der klassischen Ökonomie, die Ricardosche Schule, ging großenteils an der Unlösbarkeit dieses Widerspruchs zugrunde. Die klassische Ökonomie hatte sich in eine Sackgasse festgerannt. Der Mann, der den Weg aus dieser Sackgasse fand, war Karl Marx.

Was die Ökonomen als die Produktionskosten „der Arbeit" angesehn hatten, waren die Produktionskosten nicht der Arbeit, sondern des lebendigen Arbeiters selbst. Und was dieser Arbeiter dem Kapitalisten verkaufte, war nicht seine Arbeit. „Sobald seine Arbeit wirklich beginnt", sagt Marx, „hat sie bereits aufgehört, ihm zu gehören, kann also nicht mehr von ihm verkauft werden."[8] Er könnte also höchstens seine *künftige* Arbeit verkaufen, d.h. die Verpflichtung übernehmen, eine bestimmte Arbeitsleistung zu bestimmter Zeit auszuführen. Damit aber verkauft er nicht Arbeit (die doch erst geschehen sein müßte), sondern er stellt dem Kapitalisten auf bestimmte Zeit (im Taglohn) oder zum Zweck einer bestimmten Arbeitsleistung (im Stücklohn) seine Arbeitskraft gegen eine bestimmte Zahlung zur Verfügung: Er vermietet resp. verkauft seine *Arbeitskraft*. Diese Arbeitskraft ist aber mit seiner Person verwachsen und von ihr untrennbar. Ihre Produktionskosten fallen daher mit seinen Produktionskosten zusammen; was die Ökonomen die Produktionskosten der Arbeit nannten, sind eben die des Arbeiters und damit die der Arbeitskraft. Und so können wir auch von den Produktionskosten der Arbeitskraft auf den *Wert* der Arbeitskraft zurückgehn und die Menge von gesellschaftlich notwendiger Arbeit bestimmen, die zur Herstellung einer Arbeitskraft von bestimmter Qualität erforderlich ist, wie dies Marx im Abschnitt vom Kauf und Verkauf der Arbeitskraft getan hat („Kapital“, Band I, Kapitel 4, 3. Abteilung)[9].

Was geschieht nun, nachdem der Arbeiter dem Kapitalisten seine Arbeitskraft verkauft, d. h. gegen einen vorausbedungnen Lohn – Taglohn oder Stücklohn – zur Verfügung gestellt hat? Der Kapitalist führt den Arbeiter in seine Werkstatt oder Fabrik, wo sich bereits alle zur Arbeit erforderlichen Gegenstände, Rohstoffe, Hülfsstoffe (Kohlen, Farbstoffe etc.), Werkzeuge, Maschinen, vorfinden. Hier fängt der Arbeiter an zu schanzen. Sein Tageslohn sei wie oben 3 Mark – wobei es nichts ausmacht, ob er sie im Taglohn oder im Stücklohn verdient. Wir nehmen auch hier wieder an, daß der Arbeiter in zwölf Stunden den vernutzten Rohstoffen durch seine Arbeit einen Neuwert von sechs Mark zusetzt, welchen Neuwert der Kapitalist beim Verkauf des fertigen Werkstücks realisiert. Er zahlt davon dem Arbeiter seine 3 Mark, die andern 3 Mark aber behält er selbst. Wenn nun der Arbeiter in zwölf Stunden einen Wert von sechs Mark schafft, so in sechs Stunden einen Wert von 3 Mark. Er hat also dem Kapitalisten den Gegenwert der im Arbeitslohn erhaltnen drei Mark schon wieder vergütet, nachdem er für ihn sechs Stunden gearbeitet. Nach sechs Stunden Arbeit sind beide quitt, keiner ist dem andern einen Heller schuldig.

„Halt da!“ ruft jetzt der Kapitalist. „Ich habe den Arbeiter für einen ganzen Tag, für zwölf Stunden gemietet. Sechs Stunden sind aber nur ein halber Tag. Also flott fortgeschanzt, bis die andern sechs Stunden auch um sind – erst dann sind wir quitt!“ Und der Arbeiter hat sich in der Tat seinem „freiwillig“ eingegangnen Kontrakt zu fügen, wonach er sich verpflichtet, für ein Arbeitsprodukt, das sechs Arbeitsstunden kostet, zwölf ganze Stunden zu arbeiten.

Beim Stücklohn ist es geradeso. Nehmen wir an, unser Arbeiter schafft in 12 Stunden 12 Stück Ware. Davon kostet jedes an Rohstoff und Verschleiß 2 M. und wird verkauft zu 2 ½ M. So wird der Kapitalist, bei sonst denselben Voraussetzungen wie vorhin, dem Arbeiter 25 Pf. per Stück geben; macht auf 12 Stück 3 M., die zu verdienen der Arbeiter zwölf Stunden braucht. Der Kapitalist erhält für die 12 Stück 30 M.; ab für Rohstoff und Verschleiß 24 M., bleiben 6 M., wovon er 3 M. Arbeitslohn zahlt und drei einsteckt. Ganz wie oben. Auch hier arbeitet der Arbeiter sechs Stunden für sich, d.h. zum Ersatz seines Lohns (in jeder der zwölf Stunden ½ Stunde), und sechs Stunden für den Kapitalisten.

Die Schwierigkeit, an der die besten Ökonomen scheiterten, solange sie vom Wert der „Arbeit" ausgingen, verschwindet, sobald wir statt dessen vom Wert der „Arbeits*kraft*" ausgehn. Die Arbeitskraft ist eine Ware in unsrer heutigen kapitalistischen Gesellschaft, eine Ware wie jede andre, aber doch eine ganz besondre Ware. Sie hat nämlich die besondre Eigenschaft, wertschaffende Kraft, Quelle von Wert zu sein, und zwar, bei geeigneter Behandlung, Quelle von mehr Wert, als sie selbst besitzt. Bei dem heutigen Stand der Produktion produziert die menschliche Arbeitskraft nicht nur in einem Tag einen größern Wert, als sie selbst besitzt und kostet; mit jeder neuen wissenschaftlichen Entdeckung, mit jeder neuen technischen Erfindung steigert sich dieser Überschuß ihres Tagesprodukts über ihre Tageskosten, verkürzt sich also derjenige Teil des Arbeitstags, worin der Arbeiter den Ersatz seines Tageslohns herausarbeitet, und verlängert sich also andererseits derjenige Teil des Arbeitstags, worin er dem Kapitalisten seine Arbeit *schenken* muß, ohne dafür bezahlt zu werden.

Und dies ist die wirtschaftliche Verfassung unsrer ganzen heutigen Gesellschaft: Die arbeitende Klasse allein ist es, die alle Werte produziert. Denn Wert ist nur ein andrer Ausdruck für Arbeit, derjenige Ausdruck, wodurch in unsrer heutigen kapitalistischen Gesellschaft die Menge der in einer bestimmten Ware steckenden, gesellschaftlich notwendigen Arbeit bezeichnet wird. Diese von den Arbeitern produzierten Werte gehören aber nicht den Arbeitern. Sie gehören den Eigentümern der Rohstoffe, der Maschinen und Werkzeuge und der Vorschußmittel, die diesen Eigentümern erlauben, die Arbeitskraft der Arbeiterklasse zu kaufen. Von der ganzen, von ihr erzeugten Produktenmasse erhält also die Arbeiterklasse nur einen Teil für sich zurück. Und, wie wir eben gesehn, wird der andre Teil, den die Kapitalistenklasse für sich behält und höchstens noch mit der Grundeigentümerklasse zu teilen hat, mit jeder neuen Erfindung und Entdeckung größer, während der der Arbeiterklasse zufallende Teil (auf dic Kopfzahl berechnet) entweder nur sehr langsam und unbedeutend oder auch gar nicht steigt und unter Umständen sogar fallen kann.

Aber diese stets rascher einander verdrängenden Erfindungen und Entdeckungen, diese sich in bisher unerhörtem Maße Tag auf Tag steigernde Ergiebigkeit der menschlichen Arbeit schafft zuletzt einen Konflikt, worin die heutige kapitalistische Wirtschaft zugrunde gehn muß. Auf der einen Seite unermeßliche Reichtümer und einen Überfluß von Produkten, den die Abnehmer nicht bewältigen können. Auf der andern die große Masse der Gesellschaft proletarisiert, in Lohnarbeiter verwandelt, und eben dadurch unfähig gemacht, jenen Überfluß von Produkten sich anzueignen. Die Spaltung der Gesellschaft in eine kleine, übermäßig reiche, und eine große, besitzlose Lohnarbeiterklasse bewirkt, daß diese Gesellschaft in ihrem eignen Überfluß erstickt, während die große Mehrzahl ihrer Glieder kaum, oder nicht einmal, vor dem äußersten Mangel geschützt ist. Dieser Zustand wird mit jedem Tag widersinniger und – unnötiger. Er *muß* beseitigt werden, er *kann* beseitigt werden. Eine neue Gesellschaftsordnung ist möglich, worin die heutigen Klassenunterschiede verschwunden sind, und wo – vielleicht nach einer kurzen, etwas knappen, aber jedenfalls moralisch sehr nützlichen Übergangszeit – durch planmäßige Ausnutzung und Weiterbildung der schon vorhandnen ungeheuren Produktivkräfte aller Gesellschaftsglieder, bei gleicher Arbeitspflicht, auch die Mittel zum Leben, zum Lebensgenuß, zur Ausbildung und Betätigung aller körperlichen und geistigen Fähigkeiten gleichmäßig und in stets wachsender Fülle zur Verfügung stehn. Und daß die Arbeiter mehr und mehr entschlossen sind, sich diese neue Gesellschaftsordnung zu erkämpfen, davon wird Zeugnis ablegen, auf beiden Seiten des Ozeans, der morgende erste Mai und der Sonntag, der dritte Mai.[10]

London, 30. April 1891 *Friedrich Engels*

LOHNARBEIT UND KAPITAL[11]

[„Neue Rheinische Zeitung"
Nr. 264 vom 5. April 1849]

* *Köln,* 4. April. Von verschiedenen Seiten warf man uns vor, daß wir nicht die *ökonomischen Verhältnisse* dargestellt haben, welche die materielle Grundlage der jetzigen Klassenkämpfe und Nationalkämpfe bilden. Wir haben planmäßig diese Verhältnisse nur da berührt, wo sie sich in politischen Kollisionen unmittelbar aufdrangen.

Es galt vor allem den Klassenkampf in der Tagesgeschichte zu verfolgen und an dem vorhandenen und täglich neu geschaffenen geschichtlichen Stoffe empirisch nachzuweisen, daß mit der Unterjochung der Arbeiterklasse, welche Februar und März[12] gemacht hatte, gleichzeitig ihre Gegner besiegt wurden – die Bourgeoisrepublikaner in Frankreich, die den feudalen Absolutismus bekämpfenden Bürger- und Bauernklassen auf dem gesamten europäischen Kontinent; daß der Sieg der honetten Republik in Frankreich gleichzeitig der Fall der Nationen war, die auf die Februarrevolution mit heroischen Unabhängigkeitskriegen geantwortet hatten; daß endlich Europa mit der Besiegung der revolutionären Arbeiter in seine alte Doppelsklaverei zurückfiel, in die *englisch-russische* Sklaverei. Der Junikampf zu Paris, der Fall Wiens, die Tragikomödie des Berliner Novembers 1848,[1] die verzweifelten Anstrengungen Polens, Italiens und Ungarns, Irlands Aushungerung – das

---

1 *(N. Rh. Z.) fehlt:* 1848

waren die Hauptmomente, in denen sich der europäische Klassenkampf zwischen Bourgeoisie und Arbeiterklasse zusammenfaßte, an denen wir nachwiesen, daß jede revolutionäre Erhebung, mag ihr Ziel noch so fernliegend dem Klassenkampf scheinen, scheitern muß, bis die revolutionäre Arbeiterklasse siegt, daß jede soziale Reform eine Utopie bleibt, bis die proletarische Revolution und die feudalistische Kontrerevolution sich in einem *Weltkrieg* mit den Waffen messen. In unserer Darstellung, wie in der Wirklichkeit, waren *Belgien* und die *Schweiz* tragikomische karikaturmäßige Genrebilder in dem großen historischen Tableau, das eine der Musterstaat der bürgerlichen Monarchie, das andere der Musterstaat der bürgerlichen Republik, beides Staaten, die sich einbilden, ebenso unabhängig von dem Klassenkampf zu sein wie von der europäischen Revolution.

Jetzt, nachdem unsere Leser den Klassenkampf im Jahre 1848 in kolossalen politischen Formen sich entwickeln sahen, ist es an der Zeit, näher einzugehen auf die ökonomischen Verhältnisse selbst, worauf die Existenz der Bourgeoisie und ihre Klassenherrschaft ebenso[1] sich gründet wie die Sklaverei der Arbeiter.

Wir werden in drei großen Abteilungen darstellen: 1. das Verhältnis der *Lohnarbeit zum Kapital,* die Sklaverei des Arbeiters, die Herrschaft des Kapitalisten, 2. *den unvermeidlichen Untergang der mittleren Bürgerklassen und des* [2]*sogenannten Bürgerstandes*[3] *unter dem jetzigen Systeme,* 3. *die kommerzielle Unterjochung und Ausbeutung der Bourgeoisklassen der verschiedenen europäischen Nationen* durch den Despoten des Weltmarkts – *England.*

Wir werden möglichst einfach und populär darzustellen suchen und selbst die elementarischsten Begriffe der politischen Ökonomie nicht voraussetzen. Wir wollen den Arbeitern

---

[1] *(N. Rh. Z.) fehlt:* ebenso — [2-3] *(N. Rh. Z.)* Bauernstandes

verständlich sein. Und zudem herrscht in Deutschland die merkwürdigste Unwissenheit und Begriffsverwirrung über die einfachsten ökonomischen Verhältnisse, von den patentierten Verteidigern der bestehenden Zustände bis hinab zu den **sozialistischen Wunderschäfern** und den **verkannten politischen Genies**, an denen das zersplitterte Deutschland noch reicher ist als an Landesvätern.

Zunächst also zur ersten Frage: **Was ist der Arbeitslohn? Wie wird er bestimmt?**

Wenn man Arbeiter fragte: Wie hoch ist Ihr Arbeitslohn? so würden sie antworten, dieser: „Ich erhalte 1 Mark[1] für den Arbeitstag von meinem Bourgeois", jener: „Ich erhalte 2 Mark" usw. Nach den verschiedenen Arbeitszweigen, denen sie angehören, würden sie verschiedene Geldsummen angeben, die sie für[2] die Herstellung einer bestimmten Arbeit, z.B. für das Weben einer Elle Leinwand oder für das Setzen eines Druckbogens, von ihrem jedesmaligen Bourgeois erhalten. Trotz der Verschiedenheit ihrer Angaben werden sie alle in dem[3] Punkt übereinstimmen: Der Arbeitslohn ist die Summe Geldes, die der Kapitalist[4] für eine bestimmte Arbeitszeit oder für eine bestimmte Arbeitslieferung zahlt.

[5]Der Kapitalist, so scheint es,[6] *kauft* also ihre Arbeit mit Geld. Für Geld *verkaufen* sie ihm ihre Arbeit. [7]Dies ist aber bloß der Schein. Was sie in Wirklichkeit dem Kapitalisten für Geld verkaufen, ist ihre Arbeits*kraft*. Diese Arbeitskraft kauft der Kapitalist auf einen Tag, eine Woche, einen Monat usw. Und nachdem er sie gekauft, verbraucht er sie, indem er die Arbeiter während der stipulierten Zeit arbeiten läßt.[8] Mit derselben Summe[9], womit der Kapitalist[4] ihre Arbeitskraft[10] gekauft hat, z.B. mit 2 Mark, hätte er 2 Pfund Zucker oder irgendeine

---

[1] *(N. Rh. Z.) hier und im folgenden:* Franc — [2] *(N. Rh. Z.) eingefügt:* eine bestimmte Arbeitszeit oder für — [3] *(N. Rh. Z.) eingefügt:* einen — [4] *(N. Rh. Z.)* Bourgeois — [5-6] *(N. Rh. Z.)* Der Bourgeois — [7-8] *fehlt in (N. Rh. Z.)* — [9] *(N. Rh. Z.)* Geldsumme — [10] *(N. Rh. Z.)* Arbeit

andere Ware zu einem bestimmten Belauf kaufen können. Die 2 Mark, womit er 2 Pfund Zucker kaufte, sind der *Preis* der 2 Pfund Zucker. Die 2 Mark, womit er zwölf Stunden [1]Gebrauch der Arbeitskraft[2] kaufte, sind der Preis der zwölfstündigen Arbeit. Die Arbeitskraft[3] ist also eine Ware, nicht mehr, nicht minder als der Zucker. Die erste mißt man mit der Uhr,[4] die andere mit der Waage.

Ihre Ware, die Arbeitskraft[3], tauschen die Arbeiter gegen die Ware des Kapitalisten aus, gegen das Geld, und zwar geschieht dieser Austausch in einem bestimmten Verhältnis. So viel Geld für so [5]langen Gebrauch der Arbeitskraft[6]. Für zwölfstündiges Weben 2 Mark. Und die 2 Mark, stellen sie nicht alle anderen Waren vor, die ich für 2 Mark kaufen kann? In der Tat hat der Arbeiter also seine Ware, die Arbeitskraft[3], gegen[7] Waren aller Art ausgetauscht, und zwar in einem bestimmten Verhältnis. Indem der Kapitalist ihm 2 Mark gab, hat er ihm so viel Fleisch, so viel Kleidung, so viel Holz, Licht usw. im Austausch gegen seinen Arbeitstag gegeben. Die 2 Mark drücken also das Verhältnis aus, worin die Arbeitskraft[3] gegen andere Waren[8] ausgetauscht wird, den *Tauschwert* seiner Arbeitskraft[3]. Der Tauschwert einer Ware, in *Geld* abgeschätzt, heißt eben ihr *Preis*. Der *Arbeitslohn* ist also nur ein besonderer Name für den Preis der Arbeitskraft[3], [9]den man gewöhnlich den *Preis der Arbeit* nennt,[10] für den Preis dieser eigentümlichen Ware, die keinen andern Behälter hat als menschliches Fleisch und Blut.

Nehmen wir einen beliebigen Arbeiter, z. B. einen Weber. Der Kapitalist[11] liefert ihm den Webstuhl und das Garn. Der Weber setzt sich ans Arbeiten, und aus dem Garn wird Leinwand. Der Kapitalist[11] bemächtigt sich der Leinwand und verkauft sie, zu 20 Mark z. B. Ist nun der Arbeitslohn des Webers ein *Anteil* an der Leinwand, an den 20 Mark, an dem Produkt

---

1–2 *(N. Rh. Z.)* Arbeit — 3 *(N. Rh. Z.)* Arbeit — 4 *(N. Rh. Z.) eingefügt:* und — 5–6 *(N. Rh. Z.)* viel Arbeit — 7 *(N. Rh. Z.) eingefügt:* andere — 8 *(N. Rh. Z.)* Ware — 9–10 *fehlt in (N. Rh. Z.)* — 11 *(N. Rh. Z.)* Bourgeois seiner Arbeit? Keineswegs. Lange bevor die Leinwand verkauft ist, vielleicht lange bevor sie fertiggewebt ist, hat der Weber seinen Arbeitslohn empfangen. Der Kapitalist zahlt diesen Lohn also nicht mit dem Geld, das er aus der Leinwand lösen wird, sondern mit vorrätigem Geld. Wie Webstuhl und Garn nicht das Produkt des Webers sind, dem sie vom Bourgeois geliefert sind[1], so wenig sind es die Waren, die er im Austausch für seine Ware, die Arbeitskraft[2], erhält. Es war möglich, daß der Bourgeois gar keinen Käufer für seine Leinwand fand. Es war möglich, daß er selbst den Arbeitslohn nicht aus ihrem Verkauf herausschlug. Es ist möglich, daß er sie im Verhältnis zum Weblohn sehr vorteilhaft verkauft. Alles das geht den Weber nichts an. Der Kapitalist kauft mit einem Teil seines vorhandenen Vermögens, seines Kapitals, die Arbeitskraft[2] des Webers ganz so, wie er mit einem andern Teil seines Vermögens den Rohstoff – das Garn – und das Arbeitsinstrument – den Webstuhl – angekauft hat. Nachdem er diese Einkäufe gemacht, und unter diese Einkäufe gehört die zur Produktion der Leinwand nötige Arbeitskraft[2], produziert er nur noch *mit ihm zugehörigen Rohstoffen und Arbeitsinstrumenten.* Zu letzteren gehört denn nun freilich auch unser guter Weber, der an dem Produkt oder dem Preise des Produktes so wenig einen Anteil hat wie der Webstuhl.

Der Arbeitslohn ist also nicht ein Anteil des Arbeiters an der von ihm produzierten Ware. Der Arbeitslohn ist der Teil schon vorhandener Waren, womit der Kapitalist eine bestimmte Summe produktiver Arbeitskraft[2] an sich kauft.

Die Arbeitskraft[2] ist also eine Ware, die ihr Besitzer, der Lohnarbeiter, an das Kapital verkauft. Warum verkauft er sie? Um zu leben.

Die [3]Betätigung der Arbeitskraft, die[4] Arbeit, ist aber die eigene Lebenstätigkeit des Arbeiters, seine eigene Lebensäuße-

[1] *(N. Rh. Z.)* werden — [2] *(N. Rh. Z.)* Arbeit — [3-4] *fehlt in (N. Rh. Z.)*

rung. Und diese *Lebenstätigkeit* verkauft er an einen Dritten, um sich die nötigen *Lebensmittel* zu sichern. Seine Lebenstätigkeit ist für ihn also nur ein *Mittel,* um existieren zu können. Er arbeitet, um zu leben. Er rechnet die Arbeit nicht selbst in sein Leben ein, sie ist vielmehr ein Opfer seines Lebens. Sie ist eine Ware, die er an einen Dritten zugeschlagen hat. Das Produkt seiner Tätigkeit ist daher auch nicht der Zweck seiner Tätigkeit. Was er für sich selbst produziert, ist nicht die Seide, die er webt, nicht das Gold, das er aus dem Bergschacht zieht, nicht der Palast, den er baut. Was er für sich selbst produziert, ist der *Arbeitslohn,* und Seide, Gold, Palast lösen sich für ihn auf in ein bestimmtes Quantum von Lebensmitteln, vielleicht in eine Baumwollenjacke, in Kupfermünze und in eine Kellerwohnung. Und der Arbeiter, der zwölf Stunden webt, spinnt, bohrt, dreht, baut, schaufelt, Steine klopft, trägt usw. – gilt ihm dies zwölfstündige Weben, Spinnen, Bohren, Drehen, Bauen, Schaufeln, Steinklopfen als Äußerung seines Lebens, als Leben? Umgekehrt. Das Leben fängt da für ihn an, wo diese Tätigkeit aufhört, am Tisch, auf der Wirtshausbank, im Bett. Die zwölfstündige Arbeit dagegen hat ihm keinen Sinn als Weben, Spinnen, Bohren usw., sondern als *Verdienen,* das ihn an den Tisch, auf die Wirtshausbank, ins Bett bringt. Wenn der Seidenwurm spänne, um seine Existenz als Raupe zu fristen, so wäre er ein vollständiger Lohnarbeiter.

Die Arbeitskraft[1] war nicht immer eine *Ware*. Die Arbeit war nicht immer Lohnarbeit, d.h. *freie* Arbeit. Der *Sklave* verkauft seine Arbeitskraft[1] nicht an den Sklavenbesitzer, sowenig wie der Ochse seine Leistungen an den Bauern verkauft. Der Sklave mitsamt seiner Arbeitskraft[1] ist ein für allemal an seinen Eigentümer verkauft. Er ist eine Ware, die von der Hand des einen Eigentümers in die des andern übergehen kann. *Er selbst* ist eine Ware, aber die Arbeitskraft[1] ist nicht *seine* Ware. Der

[1] *(N. Rh. Z.)* Arbeit

Leibeigene verkauft nur einen Teil seiner Arbeitskraft[1]. Nicht er erhält einen Lohn vom Eigentümer des Grund und Bodens: der Eigentümer des Grund und Bodens erhält vielmehr von ihm einen Tribut. Der Leibeigene gehört zum Grund und Boden und wirft dem Herrn des Grund und Bodens Früchte ab. Der *freie Arbeiter* dagegen verkauft sich selbst, und zwar stückweis. Er versteigert 8, 10, 12, 15 Stunden seines Lebens, einen Tag wie den andern, an den Meistbietenden, an den Besitzer der Rohstoffe, der Arbeitsinstrumente und Lebensmittel, d.h. an den Kapitalisten. Der Arbeiter gehört weder einem Eigentümer noch dem Grund und Boden an; aber 8, 10, 12, 15 Stunden seines täglichen Lebens gehören dem, der sie kauft. Der Arbeiter verläßt den Kapitalisten, dem er sich vermietet, sooft er will, und der Kapitalist entläßt ihn, sooft er es für gut findet, sobald er keinen Nutzen oder nicht den beabsichtigten Nutzen mehr aus ihm zieht. Aber der Arbeiter, dessen einzige Erwerbsquelle der Verkauf der Arbeitskraft[1] ist, kann nicht die *ganze Klasse der Käufer,* d.h. die *Kapitalistenklasse* verlassen, ohne auf seine Existenz zu verzichten. *Er gehört nicht diesem oder jenem Kapitalisten*[2]*, aber der Kapitalistenklasse*[3], und es ist dabei seine Sache, sich an den Mann zu bringen, d.h. in dieser Kapitalistenklasse[4] einen Käufer zu finden.

Bevor wir jetzt auf das Verhältnis zwischen Kapital und Lohnarbeit näher eingehen, werden wir kurz die allgemeinsten Verhältnisse darstellen, die bei der Bestimmung des Arbeitslohnes in Betracht kommen.

Der *Arbeitslohn* ist, wie wir gesehen haben, der *Preis* einer bestimmten Ware, der Arbeitskraft[1]. Der Arbeitslohn wird also durch dieselben Gesetze bestimmt, die den Preis jeder andern Ware bestimmen.

Es fragt sich also, *wie wird der Preis einer Ware bestimmt?*

---

[1] *(N. Rh. Z.)* Arbeit — [2] *(N. Rh. Z.)* Bourgeois — [3] *(N. Rh. Z.)* Bourgeoisie, der Bourgeoisklasse — [4] *(N. Rh. Z.)* Bourgeoisklasse

[„Neue Rheinische Zeitung“
Nr. 265 vom 6. April 1849]

* *Köln,* 5. April. Wodurch wird der *Preis* einer Ware bestimmt?

Durch die Konkurrenz zwischen Käufern und Verkäufern, durch das Verhältnis der Nachfrage zur Zufuhr, [1]des Begehrs zum Angebot[2]. Die Konkurrenz, wodurch der Preis einer Ware bestimmt wird, ist *dreiseitig.*

Dieselbe Ware wird von verschiedenen Verkäufern angeboten. Wer Waren von derselben Güte am wohlfeilsten verkauft, ist sicher, die übrigen Verkäufer aus dem Felde zu schlagen und sich den größten Absatz zu sichern. Die Verkäufer machen sich also wechselseitig den Absatz, den Markt streitig. Jeder von ihnen will verkaufen, möglichst viel verkaufen und womöglich allein verkaufen, mit Ausschluß der übrigen Verkäufer. Der eine verkauft daher wohlfeiler wie der andere. Es findet also eine *Konkurrenz unter den Verkäufern* statt, die den Preis der von ihnen angebotenen Waren *herabdrückt.*

Es findet aber auch eine *Konkurrenz unter den Käufern* statt, die ihrerseits den Preis der angebotenen Waren *steigen macht.*

Es findet endlich eine *Konkurrenz unter den Käufern und Verkäufern* statt; die einen wollen möglichst wohlfeil kaufen, die andern wollen möglichst teuer verkaufen. Das Resultat dieser Konkurrenz zwischen Käufern und Verkäufern wird davon abhängen, wie sich die beiden früher angegebenen Seiten der Konkurrenz verhalten, d.h., ob die Konkurrenz in dem Heer der Käufer oder die Konkurrenz in dem Heer der Verkäufer stärker ist. Die Industrie führt zwei Heeresmassen gegeneinander ins Feld, wovon eine jede in ihren eigenen Reihen zwischen ihren eigenen Truppen wieder eine Schlacht liefert. Die Heeresmasse, unter deren Truppen die geringste Prügelei stattfindet, trägt den Sieg über die entgegenstehende davon.

Nehmen wir an[3], es befänden sich 100 Baumwollballen auf

[1-2] *(N. Rh. Z.)* des Angebots zum Begehr — [3] *(N. Rh. Z.) fehlt:* an

dem Markt und gleichzeitig Käufer für 1000 Baumwollballen. In diesem Falle ist also die Nachfrage zehnmal größer als die Zufuhr. Die Konkurrenz unter den Käufern wird also sehr stark sein; jeder derselben will einen, womöglich alle 100 Ballen an sich reißen. Dies Beispiel ist keine willkürliche Unterstellung. Wir haben in der Geschichte des Handels Perioden des Mißwachses der Baumwolle erlebt, wo einige miteinander verbündete Kapitalisten nicht 100 Ballen, sondern den ganzen Baumwollvorrat der Erde an sich zu kaufen suchten. In dem angegebenen Falle wird also ein Käufer den andern aus dem Felde zu schlagen suchen, indem er einen verhältnismäßig höhern Preis für den Baumwollballen anbietet. Die Baumwollverkäufer, welche die Truppen des feindlichen Heeres im heftigsten Kampf untereinander erblicken und des Verkaufs ihrer sämtlichen 100 Ballen völlig gesichert sind, werden sich hüten, untereinander sich in die Haare zu fallen, um die Preise der Baumwolle herabzudrücken, in einem Augenblick, wo ihre Gegner untereinander wetteifern, ihn in die Höhe zu schrauben. Es ist also plötzlich Friede in das Heer der Verkäufer eingekehrt. Sie stehen wie *ein* Mann den Käufern gegenüber, kreuzen sich philosophisch die Arme, und ihre Forderungen fänden keine Grenzen, fänden nicht die Anerbietungen selbst der zudringlichsten Kauflustigen ihre sehr bestimmten Grenzen.

Ist also die Zufuhr einer Ware schwächer als die Nachfrage nach dieser Ware, so findet nur eine geringe oder gar keine Konkurrenz unter den Verkäufern statt. In demselben Verhältnisse, wie diese Konkurrenz abnimmt, wächst die Konkurrenz unter den Käufern. Resultat: mehr oder minder bedeutendes Steigen der Warenpreise.

Es ist bekannt, daß der umgekehrte Fall mit umgekehrtem Resultat häufiger stattfindet: bedeutender Überschuß der Zufuhr über die Nachfrage; verzweifelte Konkurrenz unter den Verkäufern; Mangel an Käufern; Losschlagen der Ware zu Spottpreisen.

Aber was heißt Steigen, Fallen der Preise, was heißt hoher Preis, niedriger Preis? Ein Sandkorn ist hoch, durch ein Mikroskop betrachtet, und ein Turm ist niedrig, mit einem Berg verglichen. Und wenn der Preis durch das Verhältnis von Nachfrage und Zufuhr bestimmt wird, wodurch wird das Verhältnis von Nachfrage und Zufuhr bestimmt?

Wenden wir uns an den ersten besten Bürger. Er wird sich keinen Augenblick besinnen und wie ein anderer Alexander der Große diesen metaphysischen Knoten mit dem Einmaleins zerhauen. Wenn mich die Herstellung der Ware, die ich verkaufe, 100 Mark gekostet hat, wird er uns sagen, und ich aus dem Verkauf dieser Ware 110 Mark löse – nach Jahresfrist versteht sich – , so ist das ein bürgerlicher, ein honetter, ein gesetzter Gewinn. Erhalte ich aber im Austausch 120, 130 Mark, so ist das ein hoher Gewinn; und löste ich gar 200 Mark, so wäre das ein außerordentlicher, ein[1] enormer Gewinn. Was dient dem Bürger also als Maß des Gewinns? Die *Produktionskosten* seiner Ware. Erhält er im Austausch dieser Ware eine Summe von andern Waren zurück, deren Herstellung weniger gekostet hat, so hat er verloren. Erhält er im Austausch gegen seine Ware eine Summe von anderen Waren zurück, deren Herstellung mehr gekostet hat, so hat er gewonnen. Und das Fallen oder Steigen des Gewinnes berechnet er nach den Graden, worin der Tauschwert seiner Ware unter oder über Null – den *Produktionskosten* – steht.

Wir haben nun gesehen, wie das wechselnde Verhältnis von Nachfrage und Zufuhr bald Steigen, bald Fallen der Preise, bald hohe, bald niedrige Preise hervorbringt.

Steigt der Preis einer Ware bedeutend durch mangelnde Zufuhr oder unverhältnismäßig wachsende Nachfrage, so ist notwendig der Preis irgendeiner andern Ware verhältnismäßig gefallen; denn der Preis einer Ware drückt ja nur in Geld das

---

[1] *(N. Rh. Z.) fehlt:* ein

Verhältnis aus, worin dritte Waren im Austausch für sie gegeben werden. Steigt z.B. der Preis einer Elle Seidenzeug von 5 Mark auf 6 Mark, so ist der Preis des Silbers im Verhältnis zum Seidenzeug gefallen, und ebenso ist der Preis aller andern Waren, die auf ihren alten Preisen stehengeblieben sind, im Verhältnis zum Seidenzeug gefallen. Man muß eine größere Summe davon im Austausch geben, um dieselbe Summe von Seidenware zu erhalten.

Was wird die Folge des steigenden Preises einer Ware sein? Eine Masse von Kapitalien wird sich auf den blühenden Industriezweig werfen, und diese Einwanderung der Kapitalien in das Gebiet der bevorzugten Industrie wird so lange fortdauern, bis sie die gewöhnlichen Gewinne abwirft oder vielmehr, bis der Preis ihrer Produkte durch Überproduktion unter die Produktionskosten herabsinkt.

Umgekehrt. Fällt der Preis einer Ware unter ihre Produktionskosten, so werden sich die Kapitale von der Produktion dieser Ware zurückziehen. Den Fall ausgenommen, wo ein Industriezweig nicht mehr zeitgemäß ist, also untergehen muß, wird durch diese Flucht der Kapitale die Produktion einer solchen Ware, d.h. ihre Zufuhr, so lange abnehmen, bis sie der Nachfrage entspricht, also ihr Preis wieder auf die Höhe ihrer Produktionskosten sich erhebt, oder vielmehr bis die Zufuhr unter die Nachfrage herabgefallen ist, d.h. bis ihr Preis wieder über ihre Produktionskosten steigt, denn der *courante Preis*[1] *einer Ware steht immer über oder unter ihren Produktionskosten.*

Wir sehen, wie die Kapitale beständig aus- und einwandern, aus dem Gebiet der einen Industrie in das der andern. Der hohe Preis bringt eine zu starke Einwanderung und der niedrige Preis eine zu starke Auswanderung hervor.

Wir könnten von einem andern Gesichtspunkt aus zeigen, wie nicht nur die Zufuhr, sondern auch die Nachfrage durch die

1 *Marktpreis*

Produktionskosten bestimmt wird. Es würde uns dies aber zu weit von unserem Gegenstande abführen.

Wir haben soeben gesehen, wie die Schwankungen der Zufuhr und Nachfrage den Preis einer Ware immer wieder auf die Produktionskosten zurückführen. *Zwar der wirkliche Preis einer Ware steht stets über oder unter den Produktionskosten; aber das Steigen und Fallen ergänzen sich wechselseitig,* so daß innerhalb eines bestimmten Zeitraums, Ebbe und Flut der Industrie zusammengerechnet, die Waren, ihren Produktionskosten entsprechend gegeneinander ausgetauscht werden, ihr Preis also durch ihre Produktionskosten bestimmt wird.

Diese Preisbestimmung durch die Produktionskosten ist nicht im Sinne der Ökonomen zu verstehen. Die Ökonomen sagen, daß der *Durchschnittspreis* der Waren gleich den Produktionskosten ist; dies sei das *Gesetz*. Die anarchische Bewegung, worin das Steigen durch das Fallen und das Fallen durch das Steigen ausgeglichen wird, betrachten sie als Zufälligkeit. Man könnte mit demselben Recht, wie dies auch von andern Ökonomen geschehen ist, die Schwankungen als[1] Gesetz und die Bestimmung durch die Produktionskosten als Zufälligkeit betrachten. Aber nur diese Schwankungen, die, näher betrachtet, die furchtbarsten Verwüstungen mit sich führen und gleich Erdbeben die bürgerliche Gesellschaft in ihren Grundfesten erzittern machen, nur diese Schwankungen bestimmen in ihrem Verlauf den Preis durch die Produktionskosten. Die Gesamtbewegung dieser Unordnung ist ihre Ordnung. In dem Verlauf dieser industriellen Anarchie, in dieser Kreisbewegung gleicht die Konkurrenz sozusagen die eine Extravaganz durch die andere aus.

Wir sehen also: Der Preis einer Ware ist bestimmt durch ihre Produktionskosten in der Weise, daß die Zeiten, worin der Preis dieser Ware über die Produktionskosten steigt, durch die Zei-

---

[1] *(N. Rh. Z.)* als das

ten ausgeglichen werden, worin er unter die Produktionskosten herabsinkt, und umgekehrt. Es gilt dies natürlich nicht für ein einzelnes gegebenes Industrieprodukt, sondern nur für den ganzen Industriezweig. Es gilt also auch nicht für den einzelnen Industriellen, sondern nur für die ganze Klasse der Industriellen.

Die Bestimmung des Preises durch die Produktionskosten ist gleich der Bestimmung des Preises durch die Arbeitszeit, die zur Herstellung einer Ware erforderlich ist; denn die Produktionskosten bestehen aus 1. Rohstoffen und [1]Verschleiß von[2] Instrumenten, d.h. aus Industrieprodukten, deren Herstellung eine gewisse Summe von Arbeitstagen gekostet hat, die also eine gewisse[3] Summe von Arbeitszeit darstellen; und 2. aus unmittelbarer Arbeit, deren Maß eben die Zeit ist.

Dieselben allgemeinen Gesetze nun, welche den Preis der Waren im allgemeinen regeln, regeln natürlich *auch den Arbeitslohn, den Preis der Arbeit.*

Der Lohn der Arbeit wird bald steigen, bald fallen, je nach dem Verhältnis von Nachfrage und Zufuhr, je nachdem sich die Konkurrenz zwischen den Käufern der Arbeitskraft[4], den Kapitalisten, und den Verkäufern der Arbeitskraft[4], den Arbeitern, gestaltet. Den Schwankungen der Warenpreise im allgemeinen entsprechen die Schwankungen des Arbeitslohns. *Innerhalb dieser Schwankungen aber wird der Preis der Arbeit bestimmt sein durch die Produktionskosten, durch die Arbeitszeit, die erforderlich ist, um diese Ware, die Arbeitskraft[4], hervorzubringen.*

Welches sind nun die Produktionskosten der Arbeitskraft[5]?

Es sind die Kosten, die erheischt werden, um den Arbeiter als Arbeiter zu erhalten und um ihn zum Arbeiter auszubilden.

Je weniger Bildungszeit eine Arbeit daher erfordert, desto geringer sind die Produktionskosten des Arbeiters, um so nied-

1-2 *fehlt in (N. Rh. Z.)* — 3 *(N. Rh. Z.)* bestimmte — 4 *(N. Rh. Z.)* Arbeit — 5 *(N. Rh. Z.)* Arbeit selbst riger ist der Preis seiner Arbeit, sein Arbeitslohn. In den Industriezweigen, wo fast gar keine Lernzeit erforderlich ist und die bloße leibliche Existenz des Arbeiters genügt, beschränken sich die zu seiner Herstellung erforderlichen Produktionskosten fast nur auf die Waren, die erforderlich sind, um ihn am arbeitsfähigen[1] Leben zu erhalten. *Der Preis seiner Arbeit* wird daher durch den *Preis der notwendigen Lebensmittel* bestimmt sein.

Es kömmt indes noch eine andere Rücksicht hinzu.

Der Fabrikant, der seine Produktionskosten und darnach den Preis der Produkte berechnet, bringt die Abnutzung der Arbeitsinstrumente in Anschlag. Kostet ihm eine Maschine z.B. 1000 Mark, und nutzt sich diese Maschine in zehn Jahren ab, so schlägt er 100 Mark jährlich in den Preis der Ware, um nach zehn Jahren die abgenutzte Maschine durch eine neue ersetzen zu können. In derselben Weise müssen in den Produktionskosten der einfachen Arbeitskraft[2] die Fortpflanzungskosten eingerechnet werden, wodurch die Arbeiterrace instand gesetzt wird, sich zu vermehren und abgenutzte Arbeiter durch neue zu ersetzen. Der Verschleiß des Arbeiters wird also in derselben Weise in Rechnung gebracht, wie der Verschleiß der Maschine.

Die Produktionskosten der einfachen Arbeitskraft[2] belaufen sich also auf die *Existenz- und Fortpflanzungskosten des Arbeiters*. Der Preis dieser Existenz- und Fortpflanzungskosten bildet den Arbeitslohn. Der so bestimmte Arbeitslohn heißt das *Minimum des Arbeitslohns*. Dieses Minimum des Arbeitslohns gilt, wie die Preisbestimmung der Waren durch die Produktionskosten überhaupt, nicht für das *einzelne Individuum,* sondern für die *Gattung*. Einzelne Arbeiter, Millionen von Arbeitern erhalten nicht genug, um existieren und sich fortpflanzen zu können; aber der *Arbeitslohn der ganzen Arbeiterklasse*

---

[1] *fehlt in (N. Rh. Z.)* — [2] *(N. Rh. Z.)* Arbeit

gleicht sich innerhalb seiner Schwankungen zu diesem Minimum aus.

Jetzt, nachdem wir uns über die allgemeinsten Gesetze, die den Arbeitslohn wie den Preis jeder andern Ware regeln, verständigt haben, können wir spezieller auf unsern Gegenstand eingehen.

[„Neue Rheinische Zeitung"
Nr. 266 vom 7. April 1849]

* *Köln,* 6. April. Das Kapital besteht aus Rohstoffen, Arbeitsinstrumenten und Lebensmitteln aller Art, die verwandt werden, um neue Rohstoffe, neue Arbeitsinstrumente und neue Lebensmittel zu erzeugen. Alle diese seine Bestandteile sind Geschöpfe der Arbeit, Produkte der Arbeit, *aufgehäufte Arbeit.* Aufgehäufte Arbeit, die als Mittel zu neuer Produktion dient, ist Kapital.

So sagen die Ökonomen.

Was ist ein Negersklave? Ein Mensch von der schwarzen Race. Die eine Erklärung ist die andere wert.

Ein Neger ist ein Neger. In bestimmten Verhältnissen wird er erst zum *Sklaven.* Eine Baumwollspinnmaschine ist eine Maschine zum Baumwollspinnen. Nur in bestimmten Verhältnissen wird sie zu *Kapital.* Aus diesen Verhältnissen herausgerissen, ist sie so wenig Kapital, wie *Gold* an und für sich *Geld* oder der Zucker der Zucker*preis* ist.

In der Produktion wirken[1] die Menschen nicht allein auf die Natur, [2]sondern auch aufeinander[3]. Sie produzieren nur, indem sie auf eine bestimmte Weise zusammenwirken und ihre Tätigkeiten gegeneinander austauschen. Um zu produzieren, treten sie in bestimmte Beziehungen und Verhältnisse zueinander, und nur innerhalb dieser gesellschaftlichen Beziehungen und Verhältnisse findet ihre [4]Einwirkung auf die[5] Natur, findet die Produktion statt.

---

[1] *(N. Rh. Z.)* beziehen sich — [2-3] *fehlt in (N. Rh. Z.)* — [4-5] *(N. Rh. Z.)* Beziehung zur

Je nach dem Charakter der Produktionsmittel werden natürlich diese gesellschaftlichen Verhältnisse, worin die Produzenten zueinander treten, die Bedingungen, unter welchen sie ihre Tätigkeiten austauschen und an dem Gesamtakt der Produktion teilnehmen, verschieden sein. Mit der Erfindung eines neuen Kriegsinstruments, des Feuergewehrs, änderte sich notwendig die ganze innere Organisation der Armee, verwandelten sich die Verhältnisse, innerhalb deren Individuen eine Armee bilden und als Armee wirken können, änderte sich auch das Verhältnis verschiedener Armeen zueinander.

Die gesellschaftlichen Verhältnisse, worin die Individuen produzieren, *die gesellschaftlichen Produktionsverhältnisse ändern sich also, verwandeln sich mit der Veränderung und Entwickelung der materiellen Produktionsmittel, der Produktionskräfte. Die Produktionsverhältnisse in ihrer Gesamtheit bilden das, was man die gesellschaftlichen Verhältnisse, die Gesellschaft* nennt, und zwar eine Gesellschaft auf *bestimmter, geschichtlicher Entwicklungsstufe*, eine Gesellschaft mit eigentümlichem, unterscheidendem Charakter. Die antike Gesellschaft, die feudale Gesellschaft, die bürgerliche Gesellschaft sind solche Gesamtheiten von Produktionsverhältnissen, deren jede zugleich eine besondere Entwicklungsstufe in der Geschichte der Menschheit bezeichnet.

Auch das *Kapital* ist ein gesellschaftliches Produktionsverhältnis. Es ist ein *bürgerliches Produktionsverhältnis*, ein Produktionsverhältnis der bürgerlichen Gesellschaft. Die Lebensmittel, die Arbeitsinstrumente, die Rohstoffe, woraus das Kapital besteht, sind sie nicht unter gegebenen gesellschaftlichen Bedingungen, in bestimmten gesellschaftlichen Verhältnissen hervorgebracht und aufgehäuft worden? Werden sie nicht unter gegebenen gesellschaftlichen Bedingungen, in bestimmten gesellschaftlichen Verhältnissen zu neuer Produktion verwandt? Und macht nicht eben dieser bestimmte gesellschaftliche Charakter die zu neuer Produktion dienenden Produkte zu *Kapital*?

Das Kapital besteht nicht nur aus Lebensmitteln, Arbeitsinstrumenten und Rohstoffen, nicht nur aus materiellen Produkten; es besteht ebensosehr aus *Tauschwerten.* Alle Produkte, woraus es besteht, sind *Waren.* Das Kapital ist also nicht nur eine Summe von materiellen Produkten, es ist eine Summe von Waren, von Tauschwerten, von *gesellschaftlichen Größen.*

Das Kapital bleibt dasselbe, ob wir an die Stelle von Wolle Baumwolle, an die Stelle von Getreide Reis, an die Stelle von Eisenbahnen Dampfschiffe setzen, vorausgesetzt nur, daß die Baumwolle, der Reis, die Dampfschiffe – der Leib des Kapitals – denselben Tauschwert haben, denselben Preis wie die Wolle, das Getreide, die Eisenbahnen, worin es sich vorher verkörperte. Der Körper des Kapitals kann sich beständig verwandeln, ohne daß das Kapital die geringste Veränderung erlitte.

Aber wenn jedes Kapital eine Summe von Waren, d.h. von Tauschwerten ist, so ist noch nicht jede Summe von Waren, von Tauschwerten Kapital.

Jede Summe von Tauschwerten ist ein Tauschwert. Jeder einzelne Tauschwert ist eine Summe von Tauschwerten. Z.B. ein Haus, was 1000 Mark wert ist, ist ein Tauschwert von 1000 Mark. Ein Stück Papier, was 1 Pfennig wert ist, ist eine Summe von Tauschwerten von 100/100 Pfennigen. Produkte, die gegen andere austauschbar sind, sind *Waren.* Das bestimmte Verhältnis, worin sie austauschbar sind, bildet ihren *Tauschwert* oder, in Geld ausgedrückt, ihren *Preis.* Die Masse dieser Produkte kann an ihrer Bestimmung, *Ware* zu sein oder einen *Tauschwert* darzustellen, oder einen bestimmten *Preis* zu haben, nichts ändern. Ob ein Baum groß oder klein ist, er bleibt Baum. Ob wir das Eisen in Loten oder in Zentnern gegen andere Produkte austauschen, verändert dies seinen Charakter, Ware, Tauschwert zu sein? Je nach der Masse ist es eine Ware von mehr oder minder Wert, von höherem oder niedrigerem Preise.

Wie nun wird eine Summe von Waren, von Tauschwerten zu Kapital?

Dadurch, daß sie als selbständige gesellschaftliche Macht, d.h. als die Macht *eines Teils der Gesellschaft* sich erhält und vermehrt durch den *Austausch gegen die unmittelbare, lebendige Arbeitskraft*[1]. Die Existenz einer Klasse, die nichts besitzt als die Arbeitsfähigkeit, ist eine notwendige Voraussetzung des Kapitals.

Die Herrschaft der aufgehäuften, vergangenen, vergegenständlichten Arbeit über die unmittelbare, lebendige Arbeit macht die aufgehäufte Arbeit erst zum Kapital.

Das Kapital besteht nicht darin, daß aufgehäufte Arbeit der lebendigen Arbeit als Mittel zu neuer Produktion dient. Es besteht darin, daß die lebendige Arbeit der aufgehäuften Arbeit als Mittel dient, ihren Tauschwert zu erhalten und zu vermehren.

Was geht vor in dem Austausch zwischen [2]Kapitalist und Lohnarbeiter[3]?

Der Arbeiter erhält im Austausch gegen seine Arbeitskraft[1] Lebensmittel, aber der Kapitalist erhält im Austausch gegen seine Lebensmittel Arbeit, die produktive Tätigkeit des Arbeiters, die schöpferische Kraft, wodurch der Arbeiter nicht nur ersetzt, was er verzehrt, sondern der aufgehäuften Arbeit einen größeren Wert gibt, als sie vorher besaß. Der Arbeiter empfängt einen Teil der vorhandenen Lebensmittel vom Kapitalisten. Wozu dienen ihm diese Lebensmittel? Zur unmittelbaren Konsumtion. Sobald ich aber Lebensmittel konsumiere, gehen sie mir unwiederbringlich verloren, es sei denn, daß ich die Zeit, während welcher mich diese Mittel am Leben erhalten, benutze, um neue Lebensmittel zu produzieren, um während des Verzehrens an die Stelle der in der Konsumtion untergehenden Werte neue Werte durch meine Arbeit zu schaffen. Aber eben diese reproduktive edle Kraft tritt der Arbeiter ja ab an das Kapital im Austausch gegen empfangene Lebensmittel. Er hat sie also für sich selbst verloren.

[1] *(N. Rh. Z.)* Arbeit — [2-3] *(N. Rh. Z.)* Kapital und Lohnarbeit

Nehmen wir ein Beispiel: Ein Pächter gibt seinem Taglöhner 5 Silbergroschen per Tag. Für die 5 Sgr. arbeitet dieser auf dem Feld des Pächters den Tag hindurch und sichert ihm so eine Einnahme von 10 Silbergroschen. Der Pächter erhält nicht nur die Werte ersetzt, die er an den Taglöhner abzutreten hat; er verdoppelt sie. Er hat also die 5 Sgr., die er dem Taglöhner gab, auf eine fruchtbare, produktive Weise angewandt, konsumiert. Er hat für die 5 Sgr. eben die Arbeit und Kraft des Taglöhners gekauft, welche Bodenprodukte von doppeltem Werte erzeugt und aus 5 Sgr. 10 Sgr. macht. Der Taglöhner dagegen erhält an der Stelle seiner Produktivkraft, deren Wirkungen er eben dem Pächter abgetreten hat, 5 Sgr., die er gegen Lebensmittel austauscht, welche Lebensmittel er rascher oder langsamer konsumiert. Die 5 Sgr. sind also auf eine doppelte Weise konsumiert worden, *reproduktiv* für das Kapital, denn sie sind gegen eine Arbeitskraft ausgetauscht worden, die 10 Sgr. hervorbrachte, *unproduktiv* für den Arbeiter, denn sie sind gegen Lebensmittel ausgetauscht worden, die für immer verschwunden sind und deren Wert er nur wieder erhalten kann, indem er denselben Tausch mit dem Pächter wiederholt. *Das Kapital setzt also die Lohnarbeit, die Lohnarbeit setzt das Kapital voraus. Sie bedingen sich wechselseitig; sie bringen sich wechselseitig hervor.*

Ein Arbeiter in einer Baumwollfabrik, produziert er nur Baumwollstoffe? Nein, er produziert Kapital. Er produziert Werte, die von neuem dazu dienen, seine Arbeit zu kommandieren, und[1] vermittelst derselben neue Werte zu schaffen.

Das Kapital kann sich nur vermehren, indem es sich gegen Arbeitskraft[2] austauscht, indem es Lohnarbeit ins Leben ruft. Die [3]Arbeitskraft des Lohnarbeiters[4] kann sich nur gegen Kapital austauschen, indem sie das Kapital vermehrt, indem sie die Macht verstärkt, deren Sklavin sie ist. *Vermehrung des Kapitals ist daher Vermehrung des Proletariats, d. h. der Arbeiterklasse*[5].

---

[1] *(N. Rh. Z.)* um — [2] *(N. Rh. Z.)* Arbeit — [3-4] *(N. Rh. Z.)* Lohnarbeit — [5] *(N. Rh. Z.)* Arbeiterklassen

Das Interesse des Kapitalisten und des Arbeiters ist also *dasselbe,* behaupten die Bourgeois und ihre Ökonomen. Und in der Tat! Der Arbeiter geht zugrunde, wenn ihn das Kapital nicht beschäftigt. Das Kapital geht zugrunde, wenn es die Arbeitskraft[1] nicht ausbeutet, und um sie auszubeuten, muß es sie kaufen. Je rascher sich das zur Produktion bestimmte Kapital, das produktive Kapital, vermehrt, je blühender daher die Industrie ist, je mehr sich die Bourgeoisie bereichert, je besser das Geschäft geht, um so mehr Arbeiter braucht der Kapitalist, um so teurer verkauft sich der Arbeiter.

Die unerläßliche Bedingung für eine passable Lage des Arbeiters ist also *möglichst rasches Wachsen des produktiven Kapitals.*

Aber was ist Wachstum des produktiven Kapitals? Wachstum der Macht der aufgehäuften Arbeit über die lebendige Arbeit. Wachstum der Herrschaft der Bourgeoisie über die arbeitende Klasse. Wenn die Lohnarbeit den sie beherrschenden fremden Reichtum, die ihr feindselige Macht, das Kapital, produziert, strömen ihr Beschäftigungs-, d.h. Lebensmittel von derselben zurück, unter der Bedingung, daß sie sich von neuem zu einem Teil des Kapitals macht, zum Hebel, der von neuem dasselbe in eine beschleunigte Bewegung des Anwachsens schleudert.

Die Interessen des Kapitals und die Interessen der Arbeiter[2] *sind dieselben, heißt nur: Kapital und Lohnarbeit sind zwei Seiten eines und desselben Verhältnisses. Die eine bedingt die andere, wie der Wucherer und Verschwender sich wechselseitig bedingen.*

Solange der Lohnarbeiter Lohnarbeiter ist, hängt sein Los vom Kapital ab. Das ist die vielgerühmte Gemeinsamkeit des Interesses von Arbeiter und Kapitalist.

---

[1] *(N. Rh. Z.)* Arbeit — [2] *(N. Rh. Z.)* Arbeit

[„Neue Rheinische Zeitung“
Nr. 267 vom 8. April 1849]

* *Köln*, 7. April. Wächst das Kapital, so wächst die Masse der Lohnarbeit, so wächst die Anzahl der Lohnarbeiter, mit einem Wort: Die Herrschaft des Kapitals dehnt sich über eine größere Masse von Individuen aus. Und unterstellen wir den günstigsten Fall: Wenn das produktive Kapital wächst, wächst die Nachfrage nach Arbeit. Es steigt also der Preis der Arbeit, der Arbeitslohn.

Ein Haus mag groß oder klein sein, solange die es umgebenden Häuser ebenfalls klein sind, befriedigt es alle gesellschaftlichen Ansprüche an eine Wohnung. Erhebt sich aber neben dem kleinen Haus ein Palast, und das kleine Haus schrumpft zur Hütte zusammen. Das kleine Haus beweist nun, daß sein Inhaber keine oder nur die geringsten Ansprüche zu machen hat; und es mag im Laufe der Zivilisation in die Höhe schießen noch so sehr, wenn der benachbarte Palast in gleichem oder gar in höherem Maß in die Höhe schießt, wird der Bewohner des verhältnismäßig kleinen Hauses sich immer unbehaglicher, unbefriedigter, gedrückter in seinen vier Pfählen finden.

Ein merkliches Zunehmen des Arbeitslohns setzt ein rasches Wachsen[1] des produktiven Kapitals voraus. Das rasche Wachstum des produktiven Kapitals ruft ebenso rasches Wachstum des Reichtums, des Luxus, der gesellschaftlichen Bedürfnisse und der gesellschaftlichen Genüsse hervor. Obgleich also die Genüsse des Arbeiters gestiegen sind, ist die gesellschaftliche Befriedigung, die sie gewähren, gefallen im Vergleich mit den vermehrten Genüssen des Kapitalisten, die dem Arbeiter unzugänglich sind, im Vergleich mit dem Entwicklungsstand der Gesellschaft überhaupt. Unsere Bedürfnisse und Genüsse entspringen aus der Gesellschaft; wir messen sie daher an der Gesellschaft; wir messen sie nicht an den Gegenständen ihrer

---

1 *(N. Rh. Z.)* Wachstum

Befriedigung. Weil sie gesellschaftlicher Natur sind, sind sie relativer Natur.

Der Arbeitslohn wird überhaupt nicht nur bestimmt durch die Masse von Waren, die ich für ihn austauschen[1] kann. Er enthält verschiedene Beziehungen.

Was die Arbeiter zunächst für ihre Arbeitskraft[2] erhalten, ist eine bestimmte Summe Geldes. Ist der Arbeitslohn nur durch diesen Geldpreis bestimmt?

Im 16. Jahrhundert vermehrte sich das in Europa zirkulierende Gold und Silber infolge der Entdeckung von [3]reicheren und leichter zu bearbeitenden Bergwerken in[4] Amerika. Der Wert des Goldes und Silbers fiel daher im Verhältnis zu den übrigen Waren. Die Arbeiter erhielten nach wie vor dieselbe Masse gemünzten Silbers für ihre Arbeitskraft[2]. Der Geldpreis ihrer Arbeit blieb derselbe, und dennoch war ihr Arbeitslohn gefallen, denn im Austausch für dieselbe Quantität Silber erhielten sie eine geringere Summe anderer Waren zurück. Es war dies einer der Umstände, die das Wachstum des Kapitals, das Aufkommen der Bourgeoisie im 16.[5] Jahrhundert förderten.

Nehmen wir einen andern Fall. Im Winter 1847 waren infolge einer Mißernte die unentbehrlichsten Lebensmittel, Getreide, Fleisch, Butter, Käse usw. bedeutend im Preise gestiegen. Gesetzt, die Arbeiter hätten nach wie vor dieselbe Summe Geldes für ihre Arbeitskraft[2] empfangen. War ihr Arbeitslohn nicht gefallen? Allerdings. Für dasselbe Geld erhielten sie im Austausch weniger Brot, Fleisch usw. Ihr Arbeitslohn war gefallen, nicht weil sich der Wert des Silbers vermindert, sondern weil sich der Wert der Lebensmittel vermehrt hatte.

Gesetzt endlich, der Geldpreis der Arbeit bleibe derselbe, während alle Agrikultur- und Manufakturwaren infolge von Anwendung neuer Maschinen, günstiger Jahreszeit usw. im Preise gefallen wären. Für dasselbe Geld können die Arbeiter nun

---

[1] *(N. Rh. Z.)* eintauschen — [2] *(N. Rh. Z.)* Arbeit — [3–4] *fehlt in (N. Rh. Z.)* — [5] *(1891)* Druckfehler: 18.

mehr Waren aller Art kaufen. Ihr Arbeitslohn ist also gestiegen, eben weil der Geldwert desselben sich nicht verändert hat.

Der Geldpreis der Arbeit, der nominelle Arbeitslohn, fällt also nicht zusammen mit dem reellen Arbeitslohn, d.h. mit der Summe von Waren, die wirklich im Austausch gegen den Arbeitslohn gegeben wird. Sprechen wir also vom Steigen oder Fallen des Arbeitslohnes, so haben wir nicht nur den Geldpreis der Arbeit, den nominellen Arbeitslohn, im Auge zu halten.

Aber weder der nominelle Arbeitslohn, d.h. die Geldsumme, wofür der Arbeiter sich an den Kapitalisten verkauft, noch der reelle Arbeitslohn, d.h. die Summe Waren, die er für dies Geld kaufen kann, erschöpfen die im Arbeitslohn enthaltenen Beziehungen.

Der Arbeitslohn ist vor allem noch bestimmt durch sein Verhältnis zum Gewinn, zum Profit des Kapitalisten – verhältnismäßiger, relativer Arbeitslohn.

[1]Der reelle Arbeitslohn drückt den Preis der Arbeit im Verhältnis zum Preise der übrigen Waren aus, der relative Arbeitslohn dagegen den Anteil der unmittelbaren Arbeit an dem von ihr neu erzeugten Wert im Verhältnis des Anteils davon, der der aufgehäuften Arbeit, dem Kapital, zufällt.[2]

Wir sagten oben, S. 14:[3] „Der Arbeitslohn ist nicht ein Anteil des Arbeiters an der von ihm produzierten Ware. Der Arbeitslohn ist der Teil schon vorhandener Waren, womit der Kapitalist eine bestimmte Summe produktiver Arbeitskraft an sich kauft." Aber diesen Arbeitslohn muß der Kapitalist wieder ersetzen aus dem Preis, wozu er das vom Arbeiter erzeugte Produkt verkauft; er muß ihn so ersetzen, daß ihm dabei in der Regel noch ein Überschuß über seine ausgelegten Produk-

1–2 *(N. Rh. Z.)* Der reelle Arbeitslohn drückt den Preis der Arbeit im Verhältnis zum Preise der übrigen Waren aus, der relative Arbeitslohn dagegen den Preis der unmittelbaren Arbeit im Verhältnis zum Preise der aufgehäuften Arbeit, den verhältnismäßigen Wert von Lohnarbeit und Kapital, den wechselseitigen Wert der Kapitalisten und Arbeiter. — 3 siehe S. 21

tionskosten, ein Profit, übrigbleibt. Der Verkaufspreis der vom Arbeiter erzeugten Ware teilt sich für den Kapitalisten in drei Teile: *erstens* den Ersatz des Preises der von ihm vorgeschoßnen Rohstoffe nebst dem Ersatz des Verschleißes der ebenfalls von ihm vorgeschoßnen Werkzeuge, Maschinen und andren Arbeitsmittel, *zweitens* in den Ersatz des von ihm vorgeschoßnen Arbeitslohnes und *drittens* in den Überschuß darüber, den Profit des Kapitalisten. Während der erste Teil nur *früher vorhandne Werte* ersetzt, ist es klar, daß sowohl der Ersatz des Arbeitslohns wie der Überschußprofit des Kapitalisten im ganzen und großen genommen werden aus dem *durch die Arbeit des Arbeiters geschaffnen* und den Rohstoffen zugesetzten *Neuwert.* Und *in diesem Sinn* können wir sowohl Arbeitslohn wie Profit, um sie miteinander zu vergleichen, als Anteile am Produkt des Arbeiters auffassen.[1]

Der reelle Arbeitslohn mag derselbe bleiben, er mag selbst steigen, und der relative Arbeitslohn kann nichtsdestoweniger fallen. Unterstellen wir z.B., alle Lebensmittel seien im Preise um ⅔ gesunken, während der Tagelohn nur um ⅓ sinke, also z.B. von 3 Mark auf 2. Obgleich der Arbeiter mit diesen 2 Mark über eine größere Summe von Waren verfügt, als früher mit 3 Mark, so hat dennoch sein Arbeitslohn im Verhältnis zum Gewinn des Kapitalisten abgenommen. Der Profit des Kapitalisten (z.B. des Fabrikanten) hat sich um 1 Mark vermehrt, d.h. für eine geringere Summe von Tauschwerten, die er dem Arbeiter zahlt, muß der Arbeiter eine größere Summe von Tauschwerten produzieren als früher. Der Anteil[2] des Kapitals im Verhältnis zum Anteil[2] der Arbeit ist gestiegen. Die Verteilung des gesellschaftlichen Reichtums zwischen Kapital und Arbeit ist noch ungleichmäßiger geworden. Der Kapitalist kommandiert mit demselben Kapital eine größere Quantität Arbeit. Die Macht der Kapitalistenklasse über die Arbeiterklasse ist ge-

---

[1] *(N. Rh. Z.) fehlt der gesamte vorstehende Absatz:* Wir sagten oben … auffassen — [2] *(N. Rh. Z.)* Wert

wachsen, die gesellschaftliche Stellung des Arbeiters hat sich verschlechtert, ist um eine Stufe tiefer unter die des[1] Kapitalisten herabgedrückt.

Welches ist nun *das allgemeine Gesetz, das das*[1] *Fallen und Steigen des Arbeitslohns und Profits in ihrer wechselseitigen Beziehung bestimmt?*

Sie stehen im umgekehrten[2] *Verhältnis. Der Anteil*[3] *des Kapitals, der Profit, steigt in demselben Verhältnis, worin der Anteil*[3] *der Arbeit, der Taglohn, fällt, und umgekehrt. Der Profit steigt in dem Maße, worin der Arbeitslohn fällt, er fällt in dem Maße, worin der Arbeitslohn steigt.*

Man wird vielleicht einwenden, daß der Kapitalist gewinnen kann durch vorteilhaften Austausch seiner Produkte mit andern Kapitalisten, durch Steigen der Nachfrage nach seiner Ware, sei es infolge der Eröffnung von neuen Märkten, sei es infolge augenblicklich vermehrter Bedürfnisse auf den alten Märkten usw., daß der Profit des Kapitalisten sich also vermehren kann durch die Übervorteilung dritter Kapitalisten, unabhängig vom Steigen und Fallen des Arbeitslohns, des Tauschwerts der Arbeitskraft[4], oder der Profit des Kapitalisten könne auch steigen durch Verbesserung der Arbeitsinstrumente, neue Anwendung der Naturkräfte usw.

Zunächst wird man zugeben müssen, daß das Resultat dasselbe bleibt, obgleich es auf umgekehrtem Wege herbeigeführt ist. Der Profit ist zwar nicht gestiegen, weil der Arbeitslohn gefallen ist, aber der Arbeitslohn ist gefallen, weil der Profit gestiegen ist. Der Kapitalist hat mit derselben Summe von fremder[1] Arbeit eine größere Summe von Tauschwerten erkauft, ohne deshalb die Arbeit höher bezahlt zu haben, d.h. also die Arbeit wird niedriger bezahlt im Verhältnis zum Reinertrag, den sie dem Kapitalisten abwirft.

Zudem erinnern wir, daß trotz der Schwankungen der Wa-

[1] *fehlt in (N. Rh. Z.)* — [2] *(N. Rh. Z.)* in umgekehrtem — [3] *(N. Rh. Z.)* Tauschwert — [4] *(N. Rh. Z.)* Arbeit

renpreise der Durchschnittspreis jeder Ware, das Verhältnis, worin sie sich gegen andere Waren austauscht, durch ihre *Produktionskosten* bestimmt ist. Die Übervorteilungen innerhalb der Kapitalistenklasse gleichen sich daher notwendig aus. Die Verbesserung der Maschinerie, die neue Anwendung von Naturkräften im Dienst der Produktion befähigen in einer gegebenen Arbeitszeit, mit derselben Summe von Arbeit und Kapital eine größere Masse von Produkten, keineswegs aber eine größere Masse von Tauschwerten zu schaffen. Wenn ich durch die Anwendung der Spinnmaschine noch einmal soviel Gespinst in einer Stunde liefern kann wie vor ihrer Erfindung, z.B. 100 Pfund statt 50, so erhalte ich für diese 100 Pfund [1]auf die Dauer[2] nicht mehr Waren im Austausch zurück als früher für 50, weil die Produktionskosten um die Hälfte gefallen sind, oder weil ich mit denselben Kosten das doppelte Produkt liefern kann.

Endlich, in welchem Verhältnis auch immer die Kapitalistenklasse, die Bourgeoisie, sei es eines Landes, sei es des ganzen Weltmarkts, den Reinertrag der Produktion unter sich verteile, die Gesamtsumme dieses Reinertrags ist jedesmal nur die Summe, um welche die aufgehäufte Arbeit im großen und ganzen durch die unmittelbare[3] Arbeit vermehrt worden ist. Diese Gesamtsumme wächst also in dem Verhältnis, worin die Arbeit das Kapital vermehrt, d.h. in dem Verhältnis, worin der Profit gegen den Arbeitslohn steigt.

Wir sehen also, daß selbst, wenn wir *innerhalb des Verhältnisses von Kapital und Lohnarbeit* stehenbleiben, *die Interessen des Kapitals und die Interessen der Lohnarbeit sich schnurstracks gegenüberstehen.*

Eine rasche Zunahme des Kapitals ist gleich einer raschen Zunahme des Profits. Der Profit kann nur rasch zunehmen, wenn der Preis[4] der Arbeit, wenn der relative Arbeitslohn

---

1-2 *fehlt in (N. Rh. Z.)* — 3 *(N. Rh. Z.)* lebendige — 4 *(N. Rh. Z.)* Tauschwert ebenso rasch abnimmt. Der relative Arbeitslohn kann fallen, obgleich der reelle Arbeitslohn gleichzeitig mit dem nominellen Arbeitslohn, mit dem Geldwert der Arbeit steigt, aber nur nicht in demselben Verhältnisse steigt wie der Profit. Steigt z. B. in guten Geschäftszeiten der Arbeitslohn um 5 Prozent, der Profit dagegen um 30 Prozent, so hat der verhältnismäßige, der relative Arbeitslohn *nicht zugenommen,* sondern *abgenommen.*

Vermehrt sich also die Einnahme des Arbeiters mit dem raschen Wachstum des Kapitals, so vermehrt sich gleichzeitig die gesellschaftliche Kluft, die den Arbeiter vom Kapitalisten scheidet, so vermehrt sich gleichzeitig die Macht des Kapitals über die Arbeit, die Abhängigkeit der Arbeit vom Kapital.

Der Arbeiter hat ein Interesse am raschen Wachstum des Kapitals, heißt nur: Je rascher der Arbeiter den fremden Reichtum vermehrt, desto fettere Brocken fallen für ihn ab, um desto mehr Arbeiter können beschäftigt und ins Leben gerufen, desto mehr kann die Masse der von dem Kapital abhängigen Sklaven vermehrt werden.

Wir haben also gesehen:

Selbst die *günstigste Situation* für die Arbeiterklasse, *möglichst rasches Wachstum*[1] *des Kapitals,* so sehr sie das materielle Leben des Arbeiters verbessern mag, hebt den Gegensatz zwischen seinen Interessen und den Bourgeoisinteressen, den Interessen des Kapitalisten nicht auf. *Profit und Arbeitslohn* stehen nach wie vor in *umgekehrtem Verhältnis.*

Ist das Kapital rasch anwachsend, so mag der Arbeitslohn steigen; unverhältnismäßig schneller steigt der Profit des Kapitals. Die materielle Lage des Arbeiters hat sich verbessert, aber auf Kosten seiner gesellschaftlichen Lage. Die gesellschaftliche Kluft, die ihn vom Kapitalisten trennt, hat sich erweitert.

Endlich:

Günstigste Bedingung für die Lohnarbeit ist möglichst ra-

[1] *(N. Rh. Z.)* Wachsen

sches Wachstum des produktiven Kapitals, heißt nur: Je rascher die Arbeiterklasse die ihr feindliche Macht, den fremden, über sie gebietenden Reichtum vermehrt und vergrößert, unter desto günstigeren Bedingungen wird ihr erlaubt, von neuem an der Vermehrung des bürgerlichen Reichtums, an der Vergrößerung der Macht des Kapitals zu arbeiten, zufrieden, sich selbst die goldenen Ketten zu schmieden, woran die Bourgeoisie sie hinter sich herschleift.

[„Neue Rheinische Zeitung"
Nr. 269 vom 11. April 1849]

* *Köln,* 10. April. *Wachstum des produktiven Kapitals und Steigen des Arbeitslohns,* sind sie wirklich so unzertrennlich verbunden, wie die bürgerlichen Ökonomen behaupten? Wir dürfen ihnen nicht aufs Wort glauben. Wir dürfen ihnen selbst nicht glauben, daß, je feister das Kapital, desto besser sein Sklave gemästet wird. Die Bourgeoisie ist zu aufgeklärt, sie rechnet zu gut, um die Vorurteile des Feudalen zu teilen, der mit dem Glanz seiner Dienerschaft prunkt. Die Existenzbedingungen der Bourgeoisie zwingen sie, zu rechnen.

Wir werden also näher untersuchen müssen:

Wie wirkt das Wachsen des produktiven Kapitals auf den Arbeitslohn?

Wächst das produktive Kapital der bürgerlichen Gesellschaft im großen und ganzen, so findet eine *vielseitigere* Aufhäufung von Arbeit statt. Die Kapitalien[1] nehmen an Zahl und Umfang zu. Die *Vermehrung* der Kapitalien vermehrt die *Konkurrenz unter den Kapitalisten.* Der *steigende Umfang* der Kapitalien gibt die Mittel, *gewaltigere Arbeiterarmeen mit riesenhaftern Kriegshandwerkzeugen[2] auf das industrielle Schlachtfeld zu führen.*

---

[1] *(N. Rh. Z.)* Kapitalisten. Korrigiert nach der Berichtigung in Nr. 270 der N. Rh. Z. Von Engels in der Ausgabe 1891 nicht berücksichtigt. — [2] *(N. Rh. Z.)* Kriegswerkzeugen

Der eine Kapitalist kann den andern nur aus dem Felde schlagen und dessen[1] Kapital erobern, indem er wohlfeiler verkauft. Um wohlfeiler verkaufen zu können, ohne sich zu ruinieren, muß er wohlfeiler produzieren, d.h. die Produktionskraft der Arbeit soviel wie möglich steigern. Die Produktionskraft der Arbeit wird aber vor allem gesteigert durch *eine größere Teilung der Arbeit,* durch eine allseitigere Einführung und beständige Verbesserung[2] der *Maschinerie.* Je größer die Arbeiterarmee ist, unter welche die Arbeit geteilt, je riesenhafter die Stufenleiter ist, auf welcher die Maschinerie eingeführt wird, um so mehr nehmen verhältnismäßig die Produktionskosten ab, um so fruchtbarer wird die Arbeit. Es entsteht daher ein allseitiger Wetteifer unter den Kapitalisten, die Teilung der Arbeit und die Maschinerie zu vermehren und sie auf möglichst großer Stufenleiter auszubeuten.

Hat nun ein Kapitalist durch größere Teilung der Arbeit, durch Anwendung und Verbesserung neuer Maschinen, durch vorteilhaftere und massenhaftere Ausbeutung der Naturkräfte das Mittel gefunden, mit derselben Summe von Arbeit oder von aufgehäufter Arbeit eine größere Summe von Produkten, von Waren zu schaffen als seine Konkurrenten, kann er z.B. in derselben Arbeitszeit, worin seine Konkurrenten eine halbe Elle Leinwand weben, eine ganze Elle Leinwand produzieren, wie wird dieser Kapitalist operieren?

Er könnte fortfahren, eine halbe Elle Leinwand zu dem bisherigen Marktpreise zu verkaufen, es wäre dies jedoch kein Mittel, seine Gegner aus dem Felde zu schlagen und seinen eigenen Absatz zu vergrößern. Aber in demselben Maße, worin seine Produktion sich ausgedehnt hat, hat sich das Bedürfnis des Absatzes für ihn ausgedehnt. Die mächtigeren und kostspieligeren Produktionsmittel, die er ins Leben gerufen, *befähigen* ihn zwar, seine Waren wohlfeiler zu verkaufen, sie

---

[1] *(N. Rh. Z.)* sein — [2] *(N. Rh. Z.)* Verbesserung in

zwingen ihn aber zugleich, mehr Waren zu verkaufen, einen ungleich *größeren* Markt für seine Waren zu erobern; unser Kapitalist wird also die halbe Elle Leinwand wohlfeiler verkaufen als seine Konkurrenten.

Der Kapitalist wird aber die ganze Elle nicht so wohlfeil verkaufen, wie seine Konkurrenten die halbe Elle verkaufen, obgleich ihm die Produktion der ganzen Elle nicht mehr kostet, als den andern die der halben. Er würde sonst nichts extra[1] gewinnen, sondern nur die Produktionskosten im Umtausch[2] zurückerhalten. Seine etwaige größere Einnahme würde daher rühren, daß er ein höheres Kapital in Bewegung gesetzt, aber nicht daher, daß er sein Kapital höher verwertet hätte als die andern. Überdem erreicht er den Zweck, den er erreichen will, wenn er den Preis seiner Ware nur um einige Prozente niedriger ansetzt als seine Konkurrenten. Er schlägt sie aus dem Felde, er ringt ihnen wenigstens einen Teil ihres Absatzes ab, indem er sie *unterkauft*. Und endlich erinnern wir uns, daß der courante Preis immer *über* oder *unter den Produktionskosten* steht, je nachdem der Verkauf einer Ware in die günstige oder ungünstige Jahreszeit der Industrie fällt. Je nachdem der Marktpreis der Elle Leinwand unter oder über ihren bisher üblichen Produktionskosten steht, werden die Prozente wechseln, worin der Kapitalist, der neue fruchtbarere Produktionsmittel angewandt hat, über seine wirklichen Produktionskosten hinaus verkauft.

Allein das *Privilegium* unseres Kapitalisten ist nicht von langer Dauer; andere wetteifernde Kapitalisten führen dieselben Maschinen, dieselbe Teilung der Arbeit ein, führen sie auf derselben oder größerer Stufenleiter ein, und diese Einführung wird so allgemein werden, bis der Preis der Leinwand nicht nur *unter ihre alten,* sondern *unter ihre neuen Produktionskosten* herabgesetzt ist.

---

[1] *fehlt in (N. Rh. Z.)* — [2] *(N. Rh. Z.)* Austausch

Die Kapitalisten befinden sich also wechselseitig in derselben Lage, worin sie sich *vor* Einführung der neuen Produktionsmittel befanden, und wenn sie mit diesen Mitteln zu demselben Preise das doppelte Produkt liefern können, so sind sie *jetzt* gezwungen, *unter* dem alten Preise das doppelte Produkt zu liefern. Auf dem Standpunkt dieser neuen Produktionskosten beginnt dasselbe Spiel wieder. Mehr Teilung der Arbeit, mehr Maschinerie, größere Stufenleiter, worauf Teilung der Arbeit und Maschinerie ausgebeutet werden. Und die Konkurrenz bringt wieder dieselbe Gegenwirkung gegen dies Resultat.

Wir sehen, wie so die Produktionsweise, die Produktionsmittel beständig umgewälzt, revolutioniert worden, wie *die Teilung der Arbeit größere Teilung der Arbeit, die Anwendung der Maschinerie größere Anwendung der Maschinerie, das Arbeiten auf großer Stufenleiter Arbeiten auf größerer Stufenleiter notwendig nach sich zieht.*

Das ist das Gesetz, das die bürgerliche Produktion stets wieder aus ihrem alten Gleise herauswirft und das Kapital zwingt, die Produktionskräfte der Arbeit anzuspannen, *weil* es sie angespannt hat, das Gesetz, das ihm keine Ruhe gönnt und beständig zuraunt: Marsch! Marsch![1]

Es ist dies kein anderes Gesetz, als das Gesetz, welches innerhalb der Schwankungen der Handelsepochen den Preis einer Ware notwendig zu ihren *Produktionskosten* ausgleicht.

Welche gewaltigen Produktionsmittel ein Kapitalist auch ins Feld führe, die Konkurrenz wird diese Produktionsmittel verallgemeinern, und von dem Augenblick an, wo sie dieselben verallgemeinert hat, ist der einzige Erfolg der größeren Fruchtbarkeit seines Kapitals, daß er nun für *denselben Preis* 10-, 20-, 100mal soviel liefern muß als früher. Da er aber vielleicht 1 000mal mehr absetzen muß, um durch die größere Masse des abgesetzten Produkts den niedrigern Verkaufspreis aufzuwie-

[1] *(N. Rh. Z.)* Marche! Marche!

gen, weil ein massenhafterer Verkauf jetzt nötig ist, nicht nur um mehr[1] zu gewinnen, sondern um die Produktionskosten zu ersetzen – das Produktionsinstrument selbst wird, wie wir gesehen haben, immer teurer –, weil dieser massenhafte Verkauf aber nicht nur eine Lebensfrage für ihn, sondern auch für seine Nebenbuhler geworden ist, so beginnt der alte Kampf *um so heftiger, je fruchtbarer die schon erfundenen Produktionsmittel* sind. *Die Teilung der Arbeit und die Anwendung der Maschinerie wird also in ungleich größerem Maßstabe von neuem vor sich gehen.*

Welches auch immer die Macht der angewandten Produktionsmittel sei, die Konkurrenz sucht die goldenen Früchte dieser Macht dem Kapital zu rauben, indem sie den Preis der Ware auf die Produktionskosten zurückführt, indem sie also in demselben Maße, wie wohlfeiler produziert, d.h. mit derselben Summe Arbeit mehr produziert werden kann, die wohlfeilere Produktion, die [2]Lieferung immer größrer Massen von Produkt für dieselbe Preissumme[3] zu einem gebieterischen Gesetz macht. So hätte der Kapitalist durch seine eigenen Anstrengungen nichts gewonnen als die Verpflichtung, in derselben Arbeitszeit mehr zu liefern, mit einem Wort, *schwierigere Bedingungen der Verwertung seines Kapitals.* Während die Konkurrenz ihn daher beständig verfolgt mit ihrem Gesetz der Produktionskosten, und jede Waffe, die er gegen seine Rivalen schmiedet, als Waffe gegen ihn selbst zurückkehrt, sucht der Kapitalist beständig die Konkurrenz zu übertölpeln, indem er rastlos neue, zwar kostspieligere, aber wohlfeiler produzierende Maschinen und Teilungen der Arbeit an die Stelle der alten einführt und nicht abwartet, bis die Konkurrenz die neuen veraltet hat.

Stellen wir uns nun diese fieberhafte Agitation auf dem *ganzen Weltmarkt zugleich* vor, und es begreift sich, wie das

---

[1] *fehlt in (N. Rh. Z.)* — [2-3] *(N. Rh. Z.)* massenhaftere Lieferung für den alten Preis

Wachstum, die Akkumulation und Konzentration des Kapitals eine ununterbrochene, sich selbst überstürzende und auf stets riesenhafterer Stufenleiter ausgeführte Teilung der Arbeit, Anwendung neuer und Vervollkommnung alter Maschinerie im Gefolge hat.

Wie aber wirken diese Umstände, die von dem Wachstum des produktiven Kapitals unzertrennlich sind, auf die Bestimmung des Arbeitslohns ein?

Die größere *Teilung der Arbeit* befähigt *einen* Arbeiter, die Arbeit von 5, 10, 20 zu tun; sie vermehrt also die Konkurrenz unter den Arbeitern um das 5-, 10-, 20fache. Die Arbeiter machen sich nicht nur Konkurrenz, indem einer sich wohlfeiler verkauft wie der andere; sie machen sich Konkurrenz, indem *einer* die Arbeit von 5, 10, 20 verrichtet, und die vom Kapital eingeführte und stets vergrößerte *Teilung der Arbeit* zwingt die Arbeiter, sich diese Art von Konkurrenz zu machen.

Ferner: In demselben Maße, wie die *Teilung der Arbeit* zunimmt, *vereinfacht* sich die Arbeit. Die *besondere Geschicklichkeit* des Arbeiters wird wertlos. Er wird in eine einfache, eintönige Produktivkraft verwandelt, die weder körperliche noch geistige Spannkräfte ins Spiel zu setzen hat. Seine Arbeit wird allen zugängliche Arbeit. Es drängen daher Konkurrenten von allen Seiten auf ihn ein, und überdem erinnern wir, daß, je einfacher, je leichter erlernbar die Arbeit ist, je weniger Produktionskosten es bedarf, um sich dieselbe anzueignen, desto tiefer der Arbeitslohn sinkt, denn wie der Preis jeder andern Ware ist er durch die Produktionskosten bestimmt.

In demselben Maß also, worin die Arbeit unbefriedigender, ekelhafter wird, in demselben Maß nimmt die Konkurrenz zu und der Arbeitslohn ab. Der Arbeiter sucht die Masse seines Arbeitslohns zu behaupten, indem er mehr arbeitet, sei es, daß er mehr Stunden arbeitet, sei es, daß er mehr in derselben Stunde liefert. Durch die Not getrieben, vermehrt er also noch die unheilvollen Wirkungen der Teilung der Arbeit. Das Resultat ist: *Je mehr er arbeitet, um so weniger Lohn erhält er,* und zwar aus dem einfachen Grunde, weil er in demselben Maß seinen Mitarbeitern Konkurrenz macht, sich daher ebenso viele Konkurrenten aus seinen Mitarbeitern macht, die sich zu ebenso schlechten Bedingungen anbieten wie er selbst, weil er also in letzter Instanz *sich selbst Konkurrenz macht, sich selbst als Mitglied der Arbeiterklasse.*

Die *Maschinerie* bringt dieselben Wirkungen auf viel größerer Stufenleiter hervor, indem sie geschickte Arbeiter durch ungeschickte, Männer durch Weiber, Erwachsene durch Kinder verdrängt, indem die Maschinerie da, wo sie neu eingeführt wird, die Handarbeiter massenhaft aufs Pflaster wirft, und da, wo sie ausgebildet, verbessert, durch fruchtbarere Maschinen ersetzt wird, Arbeiter[1] in kleineren Haufen abdankt. Wir haben oben in raschen Zügen den industriellen Krieg der Kapitalisten untereinander geschildert. *Dieser Krieg hat das Eigentümliche, daß die Schlachten weniger in ihm gewonnen werden durch Anwerben als durch Abdanken der Arbeiterarmee. Die Feldherren, die Kapitalisten, wetteifern untereinander, wer am meisten Industrie-Soldaten entlassen kann.*

Die Ökonomen erzählen uns allerdings, daß die durch Maschinen überflüssig gewordenen Arbeiter *neue* Beschäftigungszweige finden.

Sie wagen nicht direkt zu behaupten, daß dieselben Arbeiter, die entlassen worden sind, in neuen Arbeitszweigen unterkommen. Die Tatsachen schreien zu laut gegen diese Lüge. Sie behaupten eigentlich nur, daß für *andere Bestandteile der Arbeiterklasse,* z.B. für den Teil der jungen Arbeitergeneration, der schon bereit stand, um in den untergegangenen Industriezweig einzutreten, sich neue Beschäftigungsmittel auftun werden. Es ist dies natürlich eine große Genugtuung für die gefallenen Arbeiter. Es wird den Herren Kapitalisten nicht an frischem

[1] *(N. Rh. Z.)* sie

exploitablem Fleisch und Blut fehlen, und man wird die Toten ihre Toten begraben lassen. Es ist dies mehr ein Trost, den die Bourgeois sich selbst, als den sie den Arbeitern geben. Wenn die ganze Klasse der Lohnarbeiter durch die Maschinerie vernichtet würde, wie schrecklich für das Kapital, das ohne Lohnarbeit aufhört, Kapital zu sein?

Gesetzt aber, daß die durch Maschinerie direkt aus der Arbeit Verdrängten und der ganze Teil der neuen Generation, der schon auf diesen Dienst lauerte, eine *neue Beschäftigung finden.* Glaubt man, daß dieselbe so hoch bezahlt werden wird wie die verlorengegangene? *Es widerspräche dies allen Gesetzen der Ökonomie.* Wir haben gesehen, wie die moderne Industrie es mit sich bringt, stets eine einfachere, untergeordnetere Beschäftigung der zusammengesetzten, höheren unterzuschieben.

Wie könnte also eine Arbeitermasse, die durch Maschinerie aus einem Industriezweig herausgeworfen ist, in einem andern eine Zuflucht finden, es sei denn, daß er *niedriger, schlechter bezahlt* ist?

Man hat als Ausnahme die Arbeiter angeführt, die in der Fabrikation der Maschinerie selbst arbeiten. Sobald mehr Maschinerie in der Industrie verlangt und verbraucht werde, müßten die Maschinen notwendig zunehmen, also die Maschinenfabrikation, also die Beschäftigung der Arbeiter in der Maschinenfabrikation, und die in diesem Industriezweig verwandten Arbeiter seien geschickte, ja selbst gebildete Arbeiter.

Seit dem Jahre 1840 hat diese schon früher nur halbwahre Behauptung allen Schein verloren, indem immer vielseitiger Maschinen zum Fabrizieren von Maschinen nicht mehr, nicht minder angewandt wurden als zum Fabrizieren von Baumwollgarn, und die in den Maschinenfabriken beschäftigten Arbeiter, gegenüber von höchst kunstvollen, nur noch die Stelle von höchst kunstlosen Maschinen spielen konnten.

Aber statt des durch die Maschine verabschiedeten Mannes beschäftigt die Fabrik vielleicht *drei* Kinder und *eine* Frau!

Und mußte der Lohn[1] des Mannes nicht hinreichen für die drei Kinder und eine Frau? Mußte das Minimum des Arbeitslohns nicht hinreichen, um die Race zu erhalten und zu vermehren? Was also beweist diese beliebte Bourgeoisredensart? Weiter nichts, als daß jetzt *viermal* soviel Arbeiterleben verbraucht werden wie früher, um den Lebensunterhalt[1] *einer* Arbeiterfamilie zu gewinnen.

Resümieren wir: *Je mehr das produktive Kapital wächst, desto mehr dehnt sich die Teilung der Arbeit und die Anwendung der Maschinerie aus. Je mehr sich die Teilung der Arbeit und die Anwendung der Maschinerie ausdehnt, um so mehr dehnt sich die Konkurrenz unter den Arbeitern aus, je mehr zieht sich ihr Lohn[2] zusammen.*

Und zudem rekrutiert sich die Arbeiterklasse noch aus den *höhern Schichten der Gesellschaft;* es stürzt eine Masse kleiner Industriellen und kleiner Rentiers in sie herab, die nichts Eiligeres zu tun haben, als ihre Arme zu erheben neben den Armen der Arbeiter. So wird der Wald der in die Höhe gestreckten und nach Arbeit verlangenden Arme immer dichter, und die Arme selbst werden immer magerer.

Daß der kleine Industrielle den Kampf[3] nicht aushalten kann, worin es eine der ersten Bedingungen ist, auf stets größerer Stufenleiter zu produzieren, d.h. eben ein großer und kein kleiner Industrieller zu sein, versteht sich von selbst.

Daß der Zins vom Kapital in demselben Maß abnimmt, wie Masse und Zahl des Kapitals zunimmt, wie das Kapital anwächst, daß daher der kleine Rentier nicht mehr von seiner Rente leben kann, also sich auf die Industrie werfen muß[4], also die Reihen der kleinen Industriellen und damit die Kandidaten für das Proletariat vermehren hilft, alles das bedarf wohl keiner weiteren Auseinandersetzung.

---

[1] *(N. Rh. Z.)* das Salair — [2] *(N. Rh. Z.)* Salair — [3] *(N. Rh. Z.)* Krieg — [4] *fehlt in (N. Rh. Z.)*

In dem Maße endlich, wie die Kapitalisten durch die oben geschilderte Bewegung gezwungen werden, schon vorhandene riesenhafte Produktionsmittel auf größerer Stufenleiter auszubeuten und zu diesem Zwecke alle Springfedern des Kredits in Bewegung zu setzen, in demselben Maße vermehren sich die industriellen[1] Erdbeben, worin die Handelswelt sich nur dadurch erhält, daß sie einen Teil des Reichtums, der Produkte und selbst der Produktionskräfte den Göttern der Unterwelt opfert – nehmen mit einem Wort die *Krisen* zu. Sie werden häufiger und heftiger schon deswegen, weil in demselben Maß, worin die Produktenmasse, also das Bedürfnis nach ausgedehnten Märkten wächst, der Weltmarkt immer mehr sich zusammenzieht, immer weniger neue[1] Märkte zur Exploitation übrigbleiben, da jede vorhergehende Krise einen bisher uneroberten oder vom Handel nur oberflächlich ausgebeuteten Markt dem Welthandel unterworfen hat. Das Kapital *lebt* aber nicht nur von der Arbeit. Ein zugleich vornehmer und barbarischer Herr, zieht es mit sich in die Gruft die Leichen seiner Sklaven, ganze Arbeiterhekatomben, die in den Krisen untergehen. Wir sehen also: *Wächst das Kapital rasch, so wächst ungleich rascher die Konkurrenz unter den Arbeitern, d. h. desto mehr nehmen verhältnismäßig die Beschäftigungsmittel, die Lebensmittel für die Arbeiterklasse ab, und nichtsdestoweniger ist das rasche Wachsen des Kapitals die günstigste Bedingung für die Lohnarbeit.*

(Fortsetzung folgt.)[13]

Karl Marx

[1] *fehlt in (N. Rh. Z.)*

A N H A N G

ARBEITSLOHN [14]

[A]

Auseinandergesetzt schon:

1. Arbeitslohn = Preis der Ware.

Die Bestimmung des Arbeitslohns fällt im allgemeinen also zusammen mit der allgemeinen Bestimmung des Preises.

Die menschliche Tätigkeit = Ware.

Die Äußerung des Lebens – die Lebenstätigkeit erscheint als bloßes Mittel; die von dieser Tätigkeit abgesonderte Existenz[1] als Zweck.

2. Als Ware der Arbeitslohn abhängig von der Konkurrenz, der Nachfrage und Zufuhr.

3. Die Zufuhr selbst abhängig von den Produktionskosten, d.h. der zur Produktion einer Ware erforderlichen Arbeitszeit.

4. Umgekehrtes Verhältnis von Profit und Salär. Gegensatz der beiden Klassen, deren ökonomisches Dasein der Profit und das Salär sind.

5. Kampf um Erhöhung oder Verminderung des Salärs. Arbeiterassoziationen.

6. Durchschnitts- oder normaler Preis der Arbeit; das Minimum, gilt nur für die Klasse der Arbeiter, nicht für den einzelnen. Koalitionen der Arbeiter zur Erhaltung des Salärs.

7. Einfluß von Abschaffung der Steuern, Schutzzölle, Verminderung der Armeen usw. auf das Salär. Das Minimum im

[1] *(MEGA)* Erscheinung

Durchschnitt bestimmt = dem Preis der notwendigen Lebensmittel.

[B]
Zusätze

I. Atkinson

1. *Handloomweavers.*[1] (Arbeiten 15 Stunden täglich.) (Eine halbe Million davon.)[15]

„Ihre distress[2] unvermeidliche Bedingung der Art von Arbeit, die leicht erlernt wird und beständig dem ausgesetzt ist, durch wohlfeilere Produktionsmittel verdrängt zu werden. Kurzes Aufhören der Nachfrage bei so großer Zufuhr bringt Krisis hervor. Das Nutzloswerden eines Arbeitszweigs und das Aufkommen eines andren bringt *zeitliches Leiden* hervor. Beispiel der Handbaumwollweber vom Daccadistrikt in Indien; verhungert oder in die Landarbeit zurückgeworfen durch die Konkurrenz der englischen Maschinerie." (Auszug aus der Rede des Dr. Bowring im Haus der Gemeinen, Juli 1835.)[16]

(Dies Beispiel über den Übergang von einem Handel zum andren für den Freihandelsdreck zu benutzen.)[17]

2. Über die *Bevölkerungstheorie* einiges zu sagen.

3. Einfluß veränderter und ausgedehnter Arbeitsteilung auf die Bestimmung des Salärs.

II. Carlyle

1. Nicht nur die Quantität der wages[3] zu betrachten. Ihrer Qualität nach schwankend, durchs Spiel bestimmt.

2. Vorzug im Arbeitslohn, daß nurmehr die Notwendigkeit, das Interesse, der Schacher den Arbeiter mit dem Arbeitgeber verknüpft. Nichts Patriarchalisches mehr wie im Mittelalter.

Armengesetze, Rattenvertilgung, chargeable labourers.[18]

3. Der größte Teil der Arbeit ist nicht skilled labour[4].

4. Die ganze malthusianische und ökonomistische Theorie reduziert sich darauf, daß die Arbeiter es in ihrer Hand haben, die Nachfrage zu vermindern, indem sie keine Kinder machen.

---

[1] Handweber — [2] Not — [3] Arbeitslöhne — [4] gelernte Arbeit

III. MacCulloch

„Der Taglohn, den der Arbeiter verdient, ist gleich der gewöhnlichen Rate von Profit für den Eigentümer der Maschine, genannt *Mensch,* dazu eine Summe, um to replace das wear und tear of the machines[1], oder, was dasselbe ist, um zuzuführen an die Stelle alter und abgenutzter Arbeiter new ones[2]." [19]

IV. John Wade

1. „Ist der Zweck, aus dem Arbeiter eine Maschine zu machen, woraus die größte Quantität Werk in einer gegebnen Okkupation gezogen werden kann, so gibt es keinen wirksameren Weg als Teilung der Arbeit." [20]

2. Eine Reduktion des Arbeitslohns treibt die Arbeiter, entweder ihre Ausgaben zu vermindern oder ihre Produktivität zu vermehren, in Maschinenfabriken z. B. (und überhaupt), indem sie längere Stundenzahl arbeiten, oder bei Handwerkern, Handwebern usw., indem sie mehr in derselben Stunde arbeiten. Aber da ihr Lohn eben reduziert ist, weil die Nachfrage abgenommen hat, so vermehren sie also die Zufuhr im ungünstigen Moment. Folge davon, daß ihr Arbeitslohn noch tiefer sinkt, und dann kommen die Bourgeois und sagen: „Wenn die Leute nur arbeiten wollten."

3. Allgemeines Gesetz überhaupt, daß es nicht *zwei Marktpreise* geben kann, und zwar dominiert der *niedrigere* Marktpreis (bei gleicher Qualität).

Gesetzt 1000 Arbeiter von gleicher Geschicklichkeit; 50 außer Brot; so wird der Preis bestimmt nicht durch die 950 beschäftigten, sondern durch die 50 unbeschäftigten.

Aber dieses Gesetz des *Marktpreises* lastet schwerer auf der Ware Arbeit als auf andren Waren, weil der Arbeiter seine Ware nicht in den Speicher legen kann, sondern seine Lebenstätigkeit verkaufen oder, der Lebensmittel verlustig, sterben muß.

Die verkäufliche Ware Arbeit unterscheidet sich von andren

---

[1] den Verschleiß der Maschinen zu ersetzen — [2] neue

Waren besonders durch ihre *vergängliche Natur*, durch die Unmöglichkeit, sie zu *akkumulieren*, und dadurch, daß die *Zufuhr* nicht mit derselben Leichtigkeit vermehrt oder vermindert werden kann als bei andren Produkten.

4. Die Humanität der Kapitalisten besteht darin, möglichst viel Arbeit zum billigsten Preis zu kaufen. Ackerbauarbeiter erhalten mehr im Sommer als im Winter, obgleich sie im Winter mehr Nahrung, Feuerung, wärmere Kleidung bedürfen.

5. Z.B. die Abschaffung des *Sonntags* wäre ein reiner Verlust für die Arbeiter. Die Meister suchen den Arbeitslohn zu vermindern, indem sie ihn nominell lassen, aber z.B. eine Viertelstunde mehr arbeiten lassen, die Mahlzeiten u.dgl. abkürzen.

6. Der Arbeitslohn bestimmt durch Moden, Wechsel der Jahreszeiten und kommerzielle Fluktuationen.[21]

7. Geht der Arbeiter, durch die Maschine verdrängt, in einen andren Arbeitszweig über, so ist das regelmäßig ein *schlechterer*. Er kommt nie wieder in seine frühere Lage.

Die Maschine und die Teilung der Arbeit setzen wohlfeile Arbeit an die Stelle von teurer.

Man hat den Arbeitern vorgeschlagen:

1. Sparkassen;

2. alle möglichen Arbeitszweige zu lernen (so, wenn in einem Arbeitszweig Überzufuhr von Arbeitern, wäre sie sofort in allen).

8. In Zeiten der Stagnation:

a) Aufhören der Arbeit;

b) Herabsetzung des Lohns;

c) derselbe Lohn[22]; weniger Tage in der Woche beschäftigt.

9. Bei den combinations of trade[1] ist zu bemerken:

1. Die Ausgaben der Arbeiter (die Kosten). Erfindung von Maschinen infolge der Koalitionen. Andere Teilung der Arbeit. Herabdrückung des Lohnes. Deplacement der Fabriken nach andern Lokalitäten.

[1] Berufsvereinigungen

2. Gelänge es ihnen allen, den Lohn so hoch zu halten, daß der Profit bedeutend fiele unter den Durchschnittsprofit von andren Ländern, oder daß das Kapital langsamer wachse, so wäre die Industrie eines Landes ruiniert und die Arbeiter mit den Herren und noch mehr.

Obgleich die Abnahme einer Steuer den Arbeitern nichts nützt, so schadet ihnen dagegen das Wachstum derselben. Das Gute am Wachstum der Steuern in bürgerlich entwickelten Ländern, daß der kleine Bauern- und Eigentümerstand (Handwerker usw.) dadurch ruiniert und in die Arbeiterklasse geworfen wird.

Einfluß der Irländer in England, der Deutschen im Elsaß auf den Arbeitslohn.

V. Babbage

Trucksystem. [23]

VI. Andrew Ure [24]

Allgemeines Prinzip der modernen Industrie: Erwachsne durch Kinder, die geschickten Arbeiter durch die ungeschickten, Männer durch Weiber zu ersetzen.

Ausgleichung des Arbeitslohnes. Hauptcharakteristikum der modernen Industrie.

VII. Rossi [25]

Herr *Rossi* meint:

Der Fabrikant eskomptiert dem Arbeiter nur seinen Anteil am Produkt, weil dieser den Verkauf desselben nicht abwarten kann. Es ist dies eine Spekulation, die unmittelbar den Produktionsprozeß nichts angeht. Kann der Arbeiter selbst sich erhalten bis zum Verkauf des Produkts, so wird er als associé[1] nachher seinen Anteil daran geltend machen.

[1] Teilhaber

Also ist das Salär kein konstitutives Element des Produkt[s][1], wie das Kapital und die Erde. Es ist nur ein Akzidens, eine Form unsres sozialen Zustandes. Das Salär gehört nicht zum Kapital.

Das Salär ist kein der Produktion unentbehrlicher Faktor. Es kann in einer andren Arbeitsorganisation verschwinden.

VIII. Cherbuliez

1. „Die Vermehrung des produktiven Kapitals zieht nicht notwendig Vermehrung des Approvisionnements für die Arbeiter herbei. Rohstoff und Maschinen können vermehrt, das Approvisionnement vermindert werden.

Der Arbeitspreis hängt ab a) von der absoluten Quantität des produktiven Kapitals; b) von dem Verhältnis zwischen den verschiedenen Elementen des Kapitals, zwei soziale Tatsachen, worauf der Wille der Arbeiter keinen Einfluß ausüben kann.

2. Es ist weniger die *absolute* Konsumtion des Arbeiters als seine *relative,* welche seine Lage glücklich oder unglücklich macht. Über die notwendige Konsumtion hinaus ist der *Wert* unserer Genüsse *wesentlich relativ.*" [26]

Wenn man vom Fallen oder Steigen des Arbeitslohns spricht, darf man nie aus den Augen verlieren den ganzen Weltmarkt und die Lage der Arbeiter in den verschiednen Gegenden.

Egalitärische und sonstige Versuche, den Arbeitslohn gerecht zu bestimmen.

Das Minimum des Arbeitslohnes selbst ändert sich und fällt immer mehr herab. Beispiel mit dem Branntwein.

IX. Bray

Sparkassen [27]

Dreifache Maschine in den Händen des Despotismus und des Kapitals.

1. Das Geld fließt zurück in die Nationalbank, diese macht Profite, indem sie es wieder an die Kapitalisten verpumpt.

---

[1] *(MEGA)* der Produktion

2. Goldene Kette, woran die Regierung einen großen Teil der Arbeiterklasse hält.

3. Ebenso dadurch den Kapitalisten als solchen neue Waffe in die Hand gegeben.

Wenn der Arbeitslohn einmal gefallen ist, steigt er nie mehr zu seiner früheren Höhe, der absolute und der relative Arbeitslohn.

[C]

I. Wie wirkt das Wachstum der Produktivkräfte auf den Arbeitslohn? (cf. VI. 3)[1]

Maschinerie: Teilung der Arbeit.

Die Arbeit wird vereinfacht. Ihre Produktionskosten kleiner. Sie wird wohlfeiler. Die Konkurrenz unter den Arbeitern wird größer.

Der Übergang von einem Arbeitszweig zum andren. Darüber Dr. Bowring selbst in bezug auf die Handbaumwollweber des Daccadistrikts in Indien im Parlament 1835.[2]

Die neue Arbeit, in die der Arbeiter geschleudert wird, schlechter als die frühere; untergeordneter. Arbeit von Erwachsenen durch die der Kinder, die der Männer durch die der Weiber, die geschickteren Arbeiter durch ungeschicktere ersetzt.

Entweder Arbeitsstunden vermehrt oder Arbeitslohn heruntergesetzt.

Die Konkurrenz unter den Arbeitern nicht nur, daß einer sich wohlfeiler verkauft als der andre, sondern daß einer die Arbeit von zweien tut.

Das Wachstum der Produktivkräfte im allgemeinen hat die Folgen:

---

[1] Siehe vorl. Band S. 70–76 — [2] Siehe vorl. Band S. 56

a) Daß relativ die Lage des Arbeiters gegen die des Kapitalisten sich verschlechtert, und der Wert der Genüsse relativ. Die Genüsse selbst sind ja nichts als soziale Genüsse, Relationen, Beziehungen.

b) Der Arbeiter wird eine immer einseitigere Produktivkraft, die in möglichst wenig Zeit möglichst viel produziert. Die geschickte Arbeit verwandelt sich immer mehr in einfache Arbeit.

c) Der Arbeitslohn wird immer mehr abhängig vom Weltmarkt, spielermäßig die Lage des Arbeiters.

d) In dem produktiven Kapital wächst der Teil für Maschinen und Rohstoff viel schneller als der für Approvisionnement. Die Vermehrung des produktiven Kapitals ist also nicht begleitet von einer gleichmäßigen Vermehrung der Nachfrage nach Arbeit.

Der Arbeitslohn hängt ab:

α) von der Masse des produktiven Kapitals überhaupt;

β) von dem Verhältnis seiner Bestandteile.

Auf beides hat der Arbeiter keinen Einfluß.

(Wären nicht die Schwankungen des Lohnes, so nähme der Arbeiter gar keinen Anteil an der Entwicklung der Zivilisation, er bliebe stationär.)

Bei der Konkurrenz der Arbeiter mit der Maschine ist zu bemerken, daß die Handarbeiter (z. B. die Handbaumwollweber) noch mehr leiden als die unmittelbar in der Fabrik beschäftigten Maschinenarbeiter.

Jede Entwicklung einer neuen Produktivkraft zugleich eine Waffe gegen die Arbeiter. Z. B. alle Verbesserungen in den Kommunikationsmitteln erleichtern die Konkurrenz der Arbeiter in verschiedenen Orten und machen aus einer lokalen Konkurrenz eine nationale usw.

Das Wohlfeilerwerden aller Waren, was übrigens für die unmittelbarsten Lebensmittel nicht der Fall ist, macht, daß der Arbeiter zusammengesetzte Lumpen trägt und sein Elend die Farben der Zivilisation trägt.

II. Konkurrenz zwischen den Arbeitern und den Arbeitgebern

α) Um den relativen Arbeitslohn zu bestimmen, ist zu bemerken, daß ein Taler für einen Arbeiter und *ein* Taler für *einen* Arbeitgeber nicht gleichen Wert haben. Der Arbeiter muß alles schlechter kaufen und teurer. Sein Taler kommandiert weder so viel noch so gute Ware als der des Arbeitgebers. Der Arbeiter muß *Verschwender* sein und gegen alle ökonomischen Grundsätze einkaufen und verkaufen. Wir müssen hier überhaupt bemerken, daß wir hier nur eine Seite im Auge halten, den *Arbeitslohn* selbst. Aber die Exploitation des Arbeiters beginnt von neuem, sobald er den Preis[1] für seine Arbeit wieder gegen andre Waren austauscht – Epicier, Pfandleiher, Hausleiher, tout le monde l'exploite encore une fois.[2]

β) Indem der Arbeitgeber über die Beschäftigungsmittel kommandiert, kommandiert er über die Lebensmittel des Arbeiters, d. h., sein Leben hängt von ihm ab; wie der Arbeiter selbst seine Lebenstätigkeit zum bloßen Mittel seiner Existenz herabsetzt.

γ) Die Ware Arbeit hat große Nachteile vor andren Waren. Für den Kapitalisten handelt es sich bei der Konkurrenz mit den Arbeitern bloß um den Profit, bei den Arbeitern um die Existenz.

Die Arbeit ist *vergänglichrer* Natur als die andren Waren. Sie kann nicht akkumuliert werden. Die *Zufuhr* kann nicht mit derselben Leichtigkeit vermehrt oder vermindert werden als bei andren Waren.

δ) Fabrikregime. Hausgesetzgebung. Trucksystem, wo der Arbeitgeber den Arbeiter betrügt, indem er den Preis der Waren aufschlägt, den nominellen Arbeitslohn denselben läßt.[23]

---

1 *(MEGA)* die Frucht — 2 alle beuten ihn noch einmal aus

III. Konkurrenz der Arbeiter unter sich

a) Nach einem allgemeinen ökonomischen Gesetz kann es nicht *zwei Marktpreise* geben. Von 1 000 Arbeitern von gleicher Geschicklichkeit bestimmen den Arbeitslohn nicht die 950 beschäftigten, sondern die 50 unbeschäftigten. Einfluß der *Irländer* auf die Lage der *englischen Arbeiter* und der deutschen auf die Lage der Elsässer Arbeiter.

b) Die Arbeiter machen sich Konkurrenz, nicht nur, indem einer sich wohlfeiler anbietet als der andre, sondern indem einer für zwei arbeitet.

Vorteile des unverheirateten Arbeiters über den verheirateten usw. Konkurrenz unter den Arbeitern vom Land und den Städten.

IV. Schwankungen des Arbeitslohns

Sie werden herbeigeführt:

1. Durch Änderungen in den Moden.
2. Wechsel der Jahreszeiten.
3. Handelsschwankungen.

Im Falle einer Krise

α) wird der Arbeiter seine Ausgaben einschränken oder, [um] ihre Produktivität zu vermehren, entweder längere Stundenzahl oder mehr in derselben Stunde fabrizieren. Da ihr Lohn aber reduziert ist, weil die Nachfrage nach ihrem Produkt abgenommen, vermehren sie noch das ungünstige Verhalten der Zufuhr zur Nachfrage, und dann sagt der Bourgeois: Wenn die Leute nur arbeiten wollten. Ihr Arbeitslohn sinkt durch ihre Überanstrengung dann noch tiefer.

β) In Zeiten der Krise:

Völlige Beschäftigungslosigkeit. Herabsetzen des Lohns. Bleiben des Lohns[22] und Verminderung der Arbeitstage.

γ) In allen Krisen folgende Zirkelbewegung in bezug auf die Arbeiter:

Der Arbeitgeber kann die Arbeiter nicht beschäftigen, weil er sein Produkt nicht verkaufen kann. Er kann sein Produkt nicht verkaufen, weil er keine Abnehmer hat. Er hat keine Abnehmer, weil die Arbeiter nichts als ihre Arbeit auszutauschen haben, und eben deswegen können sie ihre Arbeit nicht austauschen.

δ) Wenn vom Steigen des Arbeitslohns gesprochen wird, ist zu bemerken, daß man immer den Weltmarkt im Auge haben muß und daß das Steigen des Arbeitslohns außer Kraft[1] dadurch ist, daß Arbeiter in andern Ländern außer Brot gesetzt werden.

V. Minimum des Arbeitslohns

1. Der Taglohn, den der Arbeiter einnimmt, ist der Profit, den dem Eigentümer seine Maschine, sein Leib, abwirft. Eingeschlossen hierin ist die Summe, die nötig ist, um zu ersetzen das wear und tear[2] der Maschine, oder was dasselbe ist, um alte, abgenutzte Arbeiter durch neue zu ersetzen.

2. In dem Minimum des Salärs liegt es, daß z.B. die Abschaffung des Sonntags ein reiner Verlust für den Arbeiter wäre. Er müßte unter schwierigren Bedingungen seinen Arbeitslohn verdienen. Dies der Sinn der wackern Philanthropen, die gegen die Sonntagsfeier eifern.

3. Obgleich das Minimum des Arbeitslohns im Durchschnitt durch den Preis der unentbehrlichsten Lebensmittel bestimmt wird, so ist doch zu bemerken:

Erstens: daß das Minimum in den verschiedenen Ländern verschieden ist, z.B. die Kartoffel in Irland.[28]

---

1 *(MEGA)* erst erkauft — 2 den Verschleiß

Zweitens: nicht nur das. Das Minimum selbst hat eine historische Bewegung und sinkt immer mehr zu dem absolut niedrigsten level[1] herab. Beispiel mit dem Branntwein. Erst aus Weintrester, dann aus Korn, dann aus Schnaps gebrannt.

Um den wirklich niedrigsten level des Minimums herbeizuführen, dazu tragen bei nicht nur

1. die allgemeine Entwicklung der Produktionsmaschinerie, Teilung der Arbeit, zunehmende und von den lokalen Fesseln befreite Konkurrenz der Arbeiter unter sich, sondern

2. das Wachstum der Steuern und die größere Kostspieligkeit des Staatshaushalts, denn obgleich, wie wir gesehn haben, das Abschaffen einer Steuer dem Arbeiter nichts nützt, so schadet ihm das Auflegen jeder neuen, solange das Minimum des Salärs noch nicht auf seinen letztmöglichen Ausdruck gesunken ist, und dies ist der Fall mit allen Perturbationen und Erschwerungen des bürgerlichen Verkehrs. Das Wachstum der Steuern, um dies nebenbei zu bemerken, wird zum Ruin der kleinen Bauern, Bürger und Handwerker.

Beispiel nach dem Befreiungskrieg. Der Fortschritt der Industrie, der wohlfeilere Produkte und Surrogate aufbringt.

3. Dies Minimum strebt sich auszugleichen in den verschiedenen Ländern.

4. Wenn der Arbeitslohn einmal gefallen ist und später wieder steigt, so steigt er dagegen nie mehr zu seiner frühren Höhe.

Im Laufe der Entwicklung fällt also der Arbeitslohn doppelt:

Erstens: relativ im Verhältnis zur Entwicklung des allgemeinen Reichtums.

Zweitens: absolut, indem die Quantität Waren, die der Arbeiter im Austausch erhält, immer geringer wird.

5. In dem Lauf der großen Industrie wird die Zeit immer mehr zum Maß des Werts der Waren, also auch zum Maß des

[1] Niveau

Arbeitslohns. Zugleich wird die Produktion der Ware Arbeit immer wohlfeiler und kostet immer weniger Arbeitszeit im Lauf der Zivilisation.

Der Bauer hat noch freie Zeit und kann nebenbei verdienen. Aber die große Industrie (nicht die Manufakturindustrie) hebt diese patriarchalische [Lage] auf. Jeder Moment des Lebens, des Daseins des Arbeiters wird so immer mehr in den Schacher hereingezogen.

(Jetzt noch folgende Abschnitte:

1. Vorschläge zur Verbesserung der Lage der Arbeiter. Malthus. Rossi usw. Proudhon, Weitling.
2. Arbeiterassoziationen.
3. Positive Bedeutung der salarierten Arbeit.)

VI. Vorschläge zur Abhilfe

1. Einer der beliebtesten Vorschläge ist das System der *Sparkassen*.

Wir wollen gar nicht sprechen von der Unmöglichkeit, worin sich der größte Teil der Arbeiterklasse befindet, zu sparen.

Der Zweck – wenigstens der strikt ökonomische Sinn der Sparkassen – soll sein: daß die Arbeiter durch ihre eigne Vorsicht und Klugheit die gute Arbeitszeit mit der schlechten ausgleichen, d.h. ihren Arbeitslohn in dem Zyklus, den die industrielle Bewegung durchläuft, so verteilen, daß sie wirklich nie mehr als das Minimum des Arbeitslohnes, das zum Leben Unentbehrliche, ausgeben.

Wir haben aber gesehn, daß nicht nur die Schwankungen des Arbeitslohns den Arbeiter eben revolutionieren, sondern daß er ohne das momentane Steigen desselben über das Minimum von allen Fortschritten der Produktion, des öffentlichen Reichtums, der Zivilisation ausgeschlossen bliebe, also von aller Möglichkeit der Emanzipation.

Er soll sich so selbst in eine bürgerliche Rechenmaschine verwandeln, die Knickerei in ein System bringen und der Lumperei einen stationären, konservativen Charakter geben.

Abgesehn hiervon ist das Sparkassensystem eine dreifache Maschine des Despotismus:

α) Die Sparkasse ist die goldene Kette, woran die Regierung einen großen Teil der Arbeiterklasse hält. Sie bekommen so nicht nur ein Interesse an der Erhaltung der bestehenden Zustände. Es tritt nicht nur Spaltung ein zwischen dem Teil der Arbeiterklasse, der an den Sparkassen beteiligt, und dem Teil, der nicht an denselben beteiligt ist. Die Arbeiter liefern so ihren Feinden selbst Waffen in die Hand zur Erhaltung der bestehenden, sie unterjochenden Organisation der Gesellschaft.

β) Das Geld fließt zurück in die Nationalbank, diese verpumpt es den Kapitalisten wieder, und beide teilen sich in den Profit und vermehren so mit dem ihnen zu Lumpenzinsen vom Volk geliehenen Geld – was eben erst durch diese Zentralisation zu einem mächtigen industriellen Hebel wird – ihr Kapital, ihre direkte Herrschermacht gegenüber dem Volk.

2. Ein anderer von den Bürgern sehr beliebter Vorschlag ist die *Erziehung,* speziell die allseitige *industrielle Erziehung*.

α) Wir wollen nicht auf den abgeschmackten Widerspruch aufmerksam machen, der darin liegt, daß die moderne Industrie immer mehr die komplizierte Arbeit durch die einfache, wozu es keiner Erziehung bedarf, ersetzt; wir wollen nicht darauf aufmerksam machen, daß sie immer mehr Kinder vom siebenten Jahr an hinter die Maschine wirft und zu Erwerbsquellen nicht nur für die Bourgeoisklasse, sondern für ihre eignen proletarischen Eltern macht; das Fabrikwesen vereitelt die Schulgesetze – Beispiel Preußen; wir wollen auch nicht darauf aufmerksam machen, daß die geistige Bildung, wenn der Arbeiter sie hätte, gar nicht direkt auf seinen Arbeitslohn einwirkt, daß die Erziehung überhaupt von den Lebensverhältnissen abhängt und daß der Bourgeois unter moralischer Erziehung die Eintrichterung bürgerlicher Grundsätze [versteht] und daß endlich die Bourgeoisklasse weder die Mittel hat noch, wenn sie dieselben hätte, sie anwenden würde, um dem Volke eine wirkliche Erziehung zu bieten.

Wir beschränken uns, nur einen rein ökonomischen Gesichtspunkt hervorzuheben.

β) Der eigentliche Sinn, den die Erziehung bei den philanthropischen Ökonomen hat, ist der: jeden Arbeiter möglichst viel Arbeitszweige kennenzulernen, so daß, wenn er durch Anwendung neuer Maschinen oder durch eine veränderte Teilung der Arbeit aus einem Zweig herausgeworfen wird, er möglichst leicht in einem andern Unterkommen finden kann.

Gesetzt, dies sei möglich:

Die Folge davon würde sein, daß, wenn in einem Arbeitszweig Überfluß vorhanden wäre an Händen, dieser Überfluß sofort in allen andern Arbeitszweigen stattfinden und noch mehr wie bisher die Herabsetzung des Arbeitslohns in einem Geschäft unmittelbar eine allgemeine Herabsetzung des Arbeitslohns nach sich ziehn würde.

Ohnehin schon, indem die moderne Industrie überall die Arbeit sehr vereinfacht und leicht erlernbar macht, wird das Steigen des Lohns in einem Industriezweig sofort das Zuströmen der Arbeiter zu diesem Industriezweig hervorrufen und die Lohnherabsetzung mehr oder minder unmittelbar einen allgemeinen Charakter annehmen.

Auf die vielen kleinen Palliative, die von bürgerlicher Seite gemacht werden, können wir hier natürlich nicht eingehen.[1]

3. Wir müssen aber auf einen dritten Vorschlag kommen, der praktisch sehr bedeutsame Folgen nach sich gezogen hat und täglich nach sich zieht – die *Malthusische Theorie*.

Diese ganze Theorie, soweit wir sie hier zu betrachten haben, läuft auf folgendes hinaus:

---

[1] (von Marx nachträglich eingefügt) *Pauperismus*

α) Die Höhe des Arbeitslohns hängt ab von dem Verhältnis der Arbeitshände, die sich anbieten, zu den Arbeitshänden, die verlangt werden.

Der Arbeitslohn kann wachsen auf eine doppelte Weise.

Entweder, wenn das Kapital, das die Arbeit in Bewegung setzt, so rasch zunimmt, daß die Nachfrage nach Arbeitern rascher zunimmt – in einer schnellern Progression – als ihre Zufuhr.

Oder zweitens, indem die Bevölkerung so langsam wächst, daß die Konkurrenz unter den Arbeitern schwach bleibt, obgleich das produktive Kapital nicht rasch anwächst.

Auf die eine Seite des Verhältnisses, auf das Wachstum des produktiven Kapitals, könnt ihr Arbeiter keinen Einfluß ausüben.

Dagegen wohl auf die andre Seite.

Ihr könnt die Zufuhr unter den Arbeitern, d.h. die Konkurrenz unter den Arbeitern, vermindern, indem ihr möglichst wenige Kinder macht.

Um die ganze Dummheit, Niederträchtigkeit und Heuchelei dieser Doktrin zu enthüllen, genügt folgendes:

β) (Dies ist ad I zu setzen: Wie wirkt das Wachstum der Produktivkräfte auf den Arbeitslohn?)

Der Arbeitslohn wächst, wenn die Nachfrage nach der Arbeit wächst. Diese Nachfrage wächst, wenn das Kapital, das die Arbeit in Bewegung setzt, wächst, d.h., wenn das produktive Kapital zunimmt.

Hierbei sind nun zwei Hauptbemerkungen zu machen:

Erstens: Eine Hauptbedingung für das Steigen des Arbeitslohns ist das Wachstum des produktiven Kapitals und ein möglichst rasches Wachsen desselben. Die Hauptbedingung für den Arbeiter, in einer passablen Lage zu sein, ist also die, seine Lage gegenüber der Bourgeoisklasse immer mehr herabzudrücken, die Macht seines Gegners – das Kapital – möglichst zu vermehren. D.h., nur unter der Bedingung kann er in einer passablen Lage sein, daß er die ihm feindselige Macht, seinen eignen Gegensatz, erzeugt und verstärkt. Unter dieser Bedingung, indem er diese ihm feindselige Macht erschafft, strömen ihm von derselben Beschäftigungsmittel zu, die von neuem ihn zu einem Teil des produktiven Kapitals machen und zum Hebel, der dasselbe vermehrt und in eine beschleunigte Bewegung des Anwachsens schleudert.

Nebenbei bemerkt, wenn man dieses Verhältnis von Kapital und Arbeit begriffen hat, so erscheinen alle fourieristischen und sonstigen Vermittlungsversuche in ihrer ganzen Lächerlichkeit.

Zweitens: Nachdem wir so überhaupt dies verrückte Verhältnis erklärt haben, kömmt ein zweites, noch wichtigeres Element hinzu.

Nämlich, was heißt das: Wachstum des produktiven Kapitals, und unter welchen Bedingungen geht es vor sich?

Wachstum des Kapitals ist = Akkumulation und Konzentration des Kapitals. In demselben Maß, wie das Kapital sich akkumuliert und konzentriert, führt es:

zur Arbeit auf einer größern Stufenleiter und daher zu einer neuen Arbeitsteilung, die die Arbeit noch mehr vereinfacht;

dann zur Einführung der Maschinerie auf einer größern Stufenleiter und zur Einführung von neuen Maschinen.

Das heißt also, in demselben Maß, wie das produktive Kapital wächst: wächst

die Konkurrenz unter den Arbeitern, weil die Arbeitsteilung sich vereinfacht und jeder Arbeitszweig jedem zugänglicher ist.

Die Konkurrenz wächst ferner unter ihnen, weil sie in demselben Maß mit den Maschinen zu konkurrieren haben und von ihnen außer Brot geworfen werden. Die Konzentration und Akkumulation des produktiven Kapitals, indem sie die Stufenleiter, auf der produziert wird, immer größer macht; indem ferner durch die Konkurrenz unter den angebotnen Kapitalien der Geldzins immer mehr fällt,

bringt also hervor:

Die kleinen Industrieunternehmungen gehn zugrund und können die Konkurrenz mit den großen nicht aushalten. Ganze Bestandteile der Bourgeoisklasse werden in die Arbeiterklasse herabgeworfen. Die Konkurrenz unter den Arbeitern wird also vergrößert durch den Ruin der kleinen Industriellen, der fataliter verbunden ist mit dem Wachstum des produktiven Kapitals.

Und zur selben Zeit, weil der Geldzins fällt, werden die früher nicht direkt an der Industrie beteiligten kleinen Kapitalisten gezwungen, industriell zu werden, d.h. noch neue Schlachtopfer der großen Industrie zuzuführen. Also auch von dieser Seite her wird die Arbeiterklasse vergrößert und die Konkurrenz unter den Arbeitern vermehrt.

Indem das Wachstum der Produktivkräfte das Arbeiten auf einer größern Stufenleiter nach sich zieht, wird die momentane Überproduktion immer nötiger, der Weltmarkt immer ausgedehnter, bei universellerer Konkurrenz. Also die Krisen immer heftiger. So plötzliches Encouragementmittel den Arbeitern zum Heiraten und zur Vermehrung gegeben, sie in großen Massen agglomeriert und konzentriert und ihr Lohn immer schwankender. Jede neue Krise ruft also unmittelbar eine viel größere Konkurrenz unter den Arbeitern hervor.

Im allgemeinen: Das Wachstum der Produktivkräfte, mit ihren raschern Kommunikationsmitteln, beschleunigter Zirkulation, fieberhaftem Kapitalumsatz, besteht darin, daß in derselben Zeit mehr produziert werden kann, also nach dem Gesetz der Konkurrenz mehr produziert werden muß. D.h., die Produktion findet unter immer schwierigeren Bedingungen statt, und damit unter diesen Bedingungen die Konkurrenz ausgehalten werden kann, muß auf immer größerer Stufenleiter gearbeitet, das Kapital immer mehr in einigen Händen konzentriert werden. Und damit dieses Produzieren auf größerer Stufenleiter fruchtbringend sei, muß die Teilung der Arbeit und die Maschinerie beständig und unverhältnismäßig erweitert werden.

Dies Produzieren unter immer schwierigern Bedingungen erstreckt sich auch auf den Arbeiter als einen Teil des Kapitals. Er muß unter immer schwierigern Bedingungen, d.h. für immer weniger Lohn und mehr Arbeit, für immer wohlfeilere Produktionskosten mehr produzieren. So wird das Minimum selbst immer mehr auf eine größere Kraftanstrengung bei dem Minimum des Lebensgenusses reduziert.

Mißverhältnis steigt geometrisch, nicht arithmetisch.[1]

Das Wachstum der Produktivkräfte führt also mit sich vermehrte Herrschaft des großen Kapitals, vermehrte Versimplung und Vereinfachung der Maschine, genannt Arbeiter, vermehrte direkte Konkurrenz unter den Arbeitern durch vergrößerte Teilung der Arbeit und Maschinenanwendung, durch Prämie, die förmlich auf Menschenproduktion[2] gesetzt ist, durch die Konkurrenz der ruinierten Bourgeoisklassenfraktionen usw.

Wir können die Sache noch einfacher formulieren:

Das produktive Kapital besteht aus drei Bestandteilen:

1. der Rohstoff, der bearbeitet wird;

2. die Maschinen und Materialien, wie Kohlen usw., die zur Treibung der Maschinen nötig sind, Gebäulichkeiten u.dgl.;

3. der Teil des Kapitals, der zum Unterhalt der Arbeiter bestimmt ist.

Wie verhalten sich nun beim Wachstum des produktiven Kapitals diese drei Bestandteile desselben zueinander?

Mit dem Wachstum des produktiven Kapitals ist seine Konzentration verbunden und mit dieser, daß es nur auf immer größerer Stufenleiter exploitiert gewinnbringend sein kann.

Ein großer Teil des Kapitals wird also direkt in Arbeitsinstrument verwandelt werden und als solches tätig sein, und je mehr die Produktivkräfte wachsen, desto größer wird dieser unmittelbar in Maschinerie verwandelte Teil des Kapitals sein.

---

1 Dieser Satz von Marx auf den Rand des Manuskripts geschrieben —
2 *(MEGA)* Maschinenproduktion

Die Vergrößerung der Maschinerie sowohl wie die der Arbeitsteilung zieht nach sich, daß in kürzerer Zeit ungleich mehr produziert werden kann. Also muß der Vorrat des Rohstoffs in gleichem Verhältnis wachsen. Im Lauf des Wachstums des produktiven Kapitals vergrößert sich notwendig der in Rohstoff verwandelte Teil des Kapitals.

Es bleibt nun der dritte Teil des produktiven Kapitals übrig, der zum Unterhalt der Arbeiter bestimmt ist, d. h. der in Arbeitslohn sich umsetzt.

Wie verhält sich nun das Wachstum dieses Teils des produktiven Kapitals zu den beiden andern?

Die größere Teilung der Arbeit bringt es mit sich, daß ein Arbeiter soviel produziert wie früher drei, vier, fünf. Die Maschinerie hat dasselbe Verhältnis in ungleich größerem Maßstab zur Folge.

Es versteht sich also zunächst von selbst, daß das Wachstum der in Maschinerie und Rohstoff umgesetzten Teile des produktiven Kapitals nicht begleitet ist von einem ähnlichen Wachstum des für den Arbeitslohn bestimmten Teils des Kapitals. In diesem Falle wäre ja der Zweck der Anwendung der Maschinerie und der vergrößerten Arbeitsteilung verfehlt. Es ergibt sich also von selbst, daß der für den Arbeitslohn bestimmte Teil des produktiven Kapitals nicht in demselben Maß wächst wie der für Maschinerie und Rohstoff bestimmte Teil desselben. Noch mehr. In demselben Maß, wie das produktive Kapital wächst, d. h. die Macht des Kapitals als solchen, in demselben Maß wächst das Mißverhältnis zwischen dem in Rohstoff und Maschinen gesteckten Kapital zu dem im Arbeitslohn ausgelegten Kapital. Das heißt also, der für den Arbeitslohn bestimmte Teil des produktiven Kapitals wird immer kleiner verhältnismäßig zu dem als Maschine und Rohstoff wirkenden Teil des Kapitals.

Nachdem der Kapitalist ein größeres Kapital in Maschinen gesteckt hat, ist er gezwungen, ein größeres Kapital auf den Ankauf des Rohstoffs und des zur Treibung der Maschinen nötigen Rohstoffs zu verwenden. Hat er aber früher 100 Arbeiter beschäftigt, so wird er jetzt vielleicht nur 50 nötig haben. Er müßte sonst die andren Teile des Kapitals vielleicht noch einmal verdoppeln, d.h. das Mißverhältnis noch größer machen. Er wird also 50 entlassen, oder die 100 müssen für denselben Preis arbeiten wie früher 50. Es befinden sich also überflüssige Arbeiter auf dem Markt.

Bei verbesserter Arbeitsteilung wird nur das Kapital für den Rohstoff vermehrt werden müssen. An die Stelle von drei Arbeitern wird vielleicht einer treten.

Gesetzt aber den günstigsten Fall. Der Kapitalist dehne seine Unternehmung so aus, daß er nicht nur die bisherige Anzahl seiner Arbeiter beibehalten kann – und es liegt ihm natürlich nicht die Laus daran, so lang abzuwarten, bis er das kann –, sondern selbst sie noch vermehrt, so hat also die Produktion in einer ungeheuren Weise vermehrt werden müssen, um die gleiche Arbeiterzahl beizubehalten oder sie gar noch vermehren zu können, und das Verhältnis der Arbeiterzahl im Verhältnis zu den Produktivkräften ist relativ unendlich mehr Mißverhältnis geworden. Die Überproduktion wird dadurch beschleunigt, und bei der nächsten Krise sind mehr Arbeiter unbeschäftigt als jemals.

Es ist also allgemeines Gesetz, was aus der Natur des Verhältnisses von Kapital und Arbeit notwendig hervorgeht, daß im Lauf des Wachstums der Produktivkräfte der Teil des produktiven Kapitals, der in Maschinerie und Rohstoff verwandelt wird, d.h. das Kapital als solches, unverhältnismäßig wächst gegen den Teil, der für den Arbeitslohn bestimmt wird; d.h. mit andern Worten: Die Arbeiter haben sich verhältnismäßig zur Gesamtmasse des produktiven Kapitals in einen immer kleineren Teil desselben zu teilen. Ihre Konkurrenz wird also immer heftiger. In andern Worten: Je mehr das produktive Kapital wächst, um so mehr vermindern sich verhältnismäßig die Beschäftigungs- oder Lebensmittel für die Arbeiter, um so rascher noch wächst, in andern Worten, die arbeitende Bevölkerung im Verhältnis zu ihren Beschäftigungsmitteln. Und zwar nimmt dies in demselben Maß zu, worin das produktive Kapital im allgemeinen wächst.

Um das oben angedeutete Mißverhältnis auszugleichen, muß es in geometrischer Proportion vergrößert werden, und um es nachher in Zeiten der Krise zu readjustieren, wird es noch mehr vergrößert.

Dieses Gesetz, was rein aus dem Verhältnis des Arbeiters zum Kapital hervorgeht und also selbst den günstigsten Zustand für ihn, das rasche Wachstum des produktiven Kapitals, zu einem ungünstigen macht, haben die Bourgeois in ein Naturgesetz aus einem gesellschaftlichen verwandelt, indem sie sagen, die Bevölkerung wachse nach einem Naturgesetz rascher als die Beschäftigungs- oder Lebensmittel.

Sie haben nicht begriffen, daß im Wachstum des produktiven Kapitals das Wachstum dieses Widerspruchs eingeschlossen ist.

Wir werden später darauf zurückkommen.

Produktivkraft, besonders die gesellschaftliche Kraft der Arbeiter selbst, ihnen nicht bezahlt, sogar gegen sie gerichtet.

γ) Erste Abgeschmacktheit:

Wir haben gesehn, daß, wenn das produktive Kapital wächst – günstigster Fall, den die Ökonomen voraussetzen –, wenn also die Nachfrage nach Arbeit verhältnismäßig wächst, es in dem Charakter der modernen Industrie und der Natur des Kapitals liegt, daß die Beschäftigungsmittel für die Arbeiter nicht im selben Maße wachsen, daß dieselben Umstände, die das produktive Kapital wachsen machen, noch rascher das Mißverhältnis zwischen Zufuhr und Nachfrage von Arbeit wachsen machen, mit einem Wort, daß das Wachstum der Produktivkräfte zugleich das Mißverhältnis zwischen den Arbeitern und ihren Beschäftigungsmitteln wachsen macht. Es hängt dies ab weder von der Vermehrung der Lebensmittel noch von der Vermehrung der Population für sich betrachtet. Es folgt dies notwendig aus der Natur der großen Industrie und dem Verhältnis von Arbeit und Kapital.

Schreitet aber das Wachstum des produktiven Kapitals nur langsam voran, bleibt es stationär oder nimmt es gar ab, so ist die Arbeiterzahl immer zu groß im Verhältnis zur Nachfrage nach Arbeit.

In beiden, dem günstigsten und ungünstigsten Fall, folgt aus dem Verhältnis der Arbeit zum Kapital, aus der Natur des Kapitals selbst, daß die Zufuhr von Arbeitern immer zu groß sein wird gegen die Nachfrage nach Arbeit.

δ) Abgesehn von dem Unsinn, daß die ganze Arbeiterklasse unmöglich den Beschluß fassen kann, keine Kinder zu machen, macht im Gegenteil ihre Lage den Geschlechtstrieb zum Hauptgenuß und entwickelt ihn einseitig.

Nachdem die Bourgeoisie die Existenz des Arbeiters auf ein Minimum herabgedrückt, will sie auch noch seine Reproduktionsakte auf ein Minimum beschränken.

ε) Wie wenig ernst es übrigens der Bourgeoisie mit diesen Phrasen und Ratschlägen ist und sein kann, geht aus folgendem hervor:

Erstens: Die moderne Industrie, indem sie Erwachsne durch Kinder verdrängt, teilt eine wahre Prämie auf das Kindermachen aus.

Zweitens: Die große Industrie bedarf beständig einer Reservearmee unbeschäftigter Arbeiter für die Zeiten der Überproduktion. Der Hauptzweck des Bourgeois gegenüber dem Arbeiter ist ja überhaupt, die Arbeitsware möglichst wohlfeil zu haben, was nur möglich ist, wenn die Zufuhr dieser Ware möglichst groß ist im Verhältnis zur Nachfrage nach derselben, d. h., wenn möglichst viel Überbevölkerung stattfindet.

Die Überbevölkerung ist also im Interesse der Bourgeoisie, und sie erteilt dem Arbeiter einen guten Rat, von dem sie weiß, daß er unmöglich auszuführen ist.

ζ) Da das Kapital sich nur dann vermehrt, wenn es Arbeiter beschäftigt, so schließt Vermehrung des Kapitals ein Vermehrung des Proletariats, und wie wir gesehn haben, muß, der Natur des Verhältnisses von Kapital und Arbeit gemäß, die Vermehrung des Proletariats relativ noch schneller vor sich gehn.

η) Indes die obenerwähnte Theorie, die sich auch gern als Naturgesetz so ausdrückt, daß die Bevölkerung rascher wächst als die Lebensmittel, ist dem Bourgeois um so willkommener, als sie sein Gewissen beschwichtigt, ihm die Hartherzigkeit zur Moralpflicht gemacht, die Folgen der Gesellschaft zu Folgen der Natur gemacht und ihm endlich Gelegenheit gibt, sowohl ruhig dem Untergang des Proletariats durch Hungersnot wie anderen Naturereignissen zuzusehen, ohne sich zu rühren, und andererseits das Elend des Proletariats als seine eigene Schuld zu betrachten und zu bestrafen. Der Proletarier kann ja den Naturinstinkt durch Vernunft zügeln und so durch moralische Überwachung das Naturgesetz aufhalten in seinem schädlichen Entwicklungsgang.

ϑ) Als Anwendung dieser Theorie kann die Armengesetzgebung betrachtet werden. Rattenvertilgung. Arsenik. Workhouses.[1] Pauperismus überhaupt. Tretmühle wieder innerhalb der Zivilisation. Die Barbarei erscheint wieder, aber aus dem Schoß der Zivilisation selbst erzeugt und ihr angehörig; daher aussätzige Barbarei, Barbarei als Aussatzkrankheit der Zivilisation. Die workhouses die Bastillen des Arbeiters. Trennung von Frau und Mann.

4. Wir kommen jetzt kurz auf die zu sprechen, die die Lage des Arbeiters verbessern wollen durch eine andere Bestimmung des Arbeitslohns.

Proudhon.

---

1 Arbeitshäuser

5. Schließlich unter dem, was philanthropische Ökonomen über den Arbeitslohn bemerkt haben, ist noch eine Ansicht zu erwähnen.

α) Unter andern Ökonomen hat namentlich *Rossi* folgendes auseinandergesetzt:

Der Fabrikant eskomptiert dem Arbeiter nur seinen Anteil am Produkt, weil dieser den Verkauf desselben nicht abwarten kann. Könnte der Arbeiter selbst sich erhalten bis zum Verkauf des Produkts, so würde er als associé[1] nachher seinen Anteil daran geltend machen wie zwischen dem eigentlichen und dem industriellen Kapitalisten. Daß der Anteil des Arbeiters also gerade die Form des Salärs hat, ist ein Zufall, es ist dies das Resultat einer Spekulation, eines besondern Akts, der neben dem Produktionsprozeß nebenbei spielt und kein notwendiges konstitutives Element desselben bildet. Das Salär ist nur eine akzidentelle Form unsers sozialen Zustands. Es gehört nicht notwendig zum Kapital. Es ist kein zur Produktion unentbehrliches Faktum. Es kann in einer andern Gesellschaftsorganisation verschwinden.

β) Dieser ganze Witz läuft darauf hinaus: Wenn die Arbeiter genug aufgehäufte Arbeit, d.h. genug Kapital besäßen, um nicht unmittelbar vom Verkauf ihrer Arbeit leben zu müssen, so fiele die Form des Salärs fort. D.h. wenn alle Arbeiter zugleich Kapitalisten wären; d.h. also das Kapital voraussetzen und beibehalten ohne den Gegensatz der salarierten Arbeit, ohne den es nicht existieren kann.

γ) Indes ist dies Zugeständnis mitzunehmen. Das Salär ist keine akzidentelle Form der bürgerlichen Produktion, aber die ganze bürgerliche Produktion ist eine vorübergehende historische Form der Produktion. Alle ihre Verhältnisse, Kapital wie Salär wie Grundrente usw. sind vorübergehend und abschaffbar auf einem gewissen Punkt der Entwicklung.

---

[1] Teilhaber

Ein Moment in der Bevölkerungstheorie war, daß sie die Konkurrenz unter den Arbeitern vermindern will. Die Assoziationen dagegen haben den Zweck, sie *aufzuheben* und an ihre Stelle die *Vereinigung* unter den Arbeitern zu setzen.

Was die Ökonomen gegen die Assoziationen bemerken, ist richtig:

1. Kosten, die sie den Arbeitern verursachen, meist größer als die Gewinnerhöhung, die sie erlangen wollen. Auf die Dauer können sie den Gesetzen der Konkurrenz nicht widerstehn. Diese Koalitionen rufen hervor neue Maschinen, neue Arbeitsteilung, Deplacement von einem Produktionsort an den andern. Infolge von allem diesem Verminderung des Arbeitslohns.

2. Gelänge es den Koalitionen, in einem Lande den Arbeitspreis so hoch zu halten, daß der Profit bedeutend fiele im Verhältnis zum Durchschnittsprofit in andern Ländern, oder daß das Kapital in seinem Wachstum aufgehalten würde, so wäre die Stockung und der Rückgang der Industrie die Folge, und die Arbeiter wären ruiniert mit ihren Herrn. Denn das ist, wie wir gesehen haben, die Lage des Arbeiters. Seine Lage verschlimmert sich sprungsweise, wenn das produktive Kapital wächst, und er ist von vornherein ruiniert, wenn es abnimmt oder stationär bleibt.

3. Alle diese Einwürfe der bürgerlichen Ökonomisten sind wie gesagt richtig, aber nur richtig von ihrem Gesichtspunkt aus. Handelte es sich in den Assoziationen wirklich nur um das, worum es sich zu handeln scheint, nämlich um die Bestimmung des Arbeitslohns, wäre das Verhältnis von Arbeit und Kapital ein ewiges, so würden diese Koalitionen an der Notwendigkeit der Dinge erfolglos scheitern. Aber sie sind das Mittel der Vereinigung der Arbeiterklasse, der Vorbereitung zum Sturz der ganzen alten Gesellschaft mit ihren Klassengegensätzen. Und von diesem Standpunkt aus lachen die Arbeiter mit Recht über

die klugen bürgerlichen Schulmeister, die ihnen vorrechnen, was ihnen dieser Bürgerkrieg an Gefallenen, Verwundeten und Geldopfern kostet. Wer den Gegner schlagen will, wird nicht die Kosten des Kriegs mit ihm diskutieren. Und wie wenig die Arbeiter so engherzig sind, beweist den Ökonomen selbst der Faktor, daß die bestbezahlten Fabrikarbeiter die meisten Koalitionen machen und daß die Arbeiter alles, was sie abknapsen können von ihrem Lohn, auf Bildung politischer und industrieller Assoziationen und Bestreitung [der Kosten] dieser Bewegung verwenden. Und wenn die Herrn Bourgeois und ihre Ökonomen in philanthropischen Augenblicken so gnädig sind, in das Minimum des Arbeitslohns, d.h. des Lebens, etwas Tee oder Rum oder Zucker und Fleisch eingehn zu lassen, so muß es ihnen dagegen ebenso schändlich als unbegreiflich erscheinen, daß die Arbeiter in dies Minimum ein wenig der Kriegskosten gegen die Bourgeoisie einrechnen und daß sie aus ihrer revolutionären Tätigkeit sogar das Maximum ihres Lebensgenusses machen.

VIII. Positive Seite des Salariats

Ehe wir schließen, ist noch auf die positive Seite des Salariats aufmerksam zu machen.

α) Wenn man sagt, positive Seite des Salariats, so sagt man positive Seite des Kapitals, der großen Industrie, der freien Konkurrenz, des Weltmarktes, und ich habe nicht nötig, Ihnen auseinanderzusetzen, wie ohne diese Produktionsverhältnisse weder die Produktionsmittel, die materiellen Mittel zur Befreiung des Proletariats und Stiftung einer neuen Gesellschaft geschaffen worden wären, noch das Proletariat selbst die Vereinigung und Entwicklung genommen hätte, in der es wirklich fähig ist, die alte Gesellschaft und sich selbst zu revolutionieren. *Ausgleichung* des Arbeitslohnes.

β) Nehmen wir selbst den Arbeitslohn im Kern seiner Verwerflichkeit, daß meine Tätigkeit zur Ware, daß ich durch und durch verkäuflich werde.

Erstens: ist dadurch alles Patriarchalische weggefallen, indem nur mehr der Schacher, Kauf und Verkauf die einzige Beziehung, das Geldverhältnis das einzige Verhältnis zwischen Arbeitgeber und Arbeitern bleibt.

Zweitens: Der Heiligenschein ist überhaupt von allen Verhältnissen der alten Gesellschaft gefallen, indem sie sich in reine Geldverhältnisse aufgelöst haben.

Ebenso sind alle sogenannten höheren Arbeiten, geistige, künstlerische usw. in Handelsartikel verwandelt worden und haben dadurch ihre alte Weihe verloren. Welch großer Fortschritt war es, daß das ganze Regiment von Pfaffen, Ärzten, Juristen usw., also Religion, Jurisprudenz usw., nur mehr nach ihrem Handelswert bestimmt worden sind.[1]

(*Drittens:* Indem die Arbeit zur Ware und als solche der freien Konkurrenz unterworfen wurde, suchte man sie möglichst wohlfeil, d.h. zu möglichst niedrigen Produktionskosten, hervorzubringen. Es ist dadurch alle körperliche Arbeit unendlich leicht und einfach geworden für eine künftige Organisation der Gesellschaft. – Ins Allgemeine zu setzen.)

Drittens: Indem durch die allgemeine Verkäuflichkeit die Arbeiter alles als von sich trennbar, losschlagbar konstatiert haben, sind sie erst frei geworden von der Unterordnung unter ein bestimmtes Verhältnis. Vorzug, daß der Arbeiter mit seinem Geld machen kann, was er will, sowohl gegen die Naturallieferungen als gegen die rein durch den Stand (feudalen) vorgeschriebene Lebensweise.

---

[1] (von Marx eingefügt) National-Klassenk[amp]f, Eigentumsverhältnisse

LOHN, PREIS UND PROFIT[29]

[Einleitendes]

Bürger!

Bevor ich auf unsern Gegenstand eingehe, erlaubt mir einige Vorbemerkungen.

Gegenwärtig herrscht auf dem Kontinent eine wahre Epidemie von Streiks, und allgemein wird nach einer Lohnsteigerung gerufen. Die Frage wird auf unserm Kongreß zur Sprache kommen.[30] Ihr als Leiter der Internationalen Assoziation müßt einen festen Standpunkt in dieser überragenden Frage haben. Ich für meinen Teil habe es daher für meine Pflicht gehalten, ausführlich auf die Sache einzugehn – selbst auf die Gefahr hin, eure Geduld auf eine harte Probe zu stellen.

Eine Vorbemerkung noch mit Bezug auf Bürger Weston. Nicht nur hat er vor euch Anschauungen entwickelt, die, wie er weiß, in der Arbeiterklasse äußerst unpopulär sind; er hat diese Anschauungen auch öffentlich vertreten, wie er glaubt – im Interesse der Arbeiterklasse. Eine solche Bekundung moralischen Muts müssen wir alle hochachten. Trotz des unverblümten Stils meiner Ausführungen wird er hoffentlich am Schluß derselben finden, daß ich mit dem übereinstimme, was mir als der eigentliche Grundgedanke seiner Sätze erscheint, die ich jedoch in ihrer gegenwärtigen Form nicht umhin kann, für theoretisch falsch und praktisch gefährlich zu halten.

Ich komme nun ohne Umschweife zur Sache.

1. [Produktion und Löhne]

Bürger Westons Beweisführung beruhte wesentlich auf zwei Voraussetzungen:

1. daß der *Betrag der nationalen Produktion* ein *unveränderliches Ding* ist oder, wie die Mathematiker sagen würden, eine *konstante* Menge oder Größe;

2. daß der *Betrag des Reallohns,* d.h. des Lohns, gemessen durch das Warenquantum, das mit ihm gekauft werden kann, ein *unveränderlicher* Betrag, eine *konstante* Größe ist.

Nun, das Irrtümliche seiner ersten Behauptung springt in die Augen. Ihr werdet finden, daß Wert und Masse der Produktion von Jahr zu Jahr zunehmen, daß die Produktivkraft der nationalen Arbeit größer wird und daß die zur Zirkulation dieser gesteigerten Produktion notwendige Geldmenge fortwährend wechselt. Was am Ende des Jahres und für verschiedne miteinander verglichene Jahre gilt, das gilt auch für jeden Durchschnittstag im Jahr. Die Menge oder Größe der nationalen Produktion wechselt fortwährend. Sie ist keine *konstante,* sondern eine *variable* Größe, und ganz abgesehn von den Veränderungen des Bevölkerungsstandes kann das nicht anders sein wegen des fortwährenden Wechsels in der *Akkumulation des Kapitals* und der *Produktivkraft der Arbeit.* Unleugbar, fände heute eine *Steigerung der allgemeinen Lohnrate* statt, so würde diese Steigerung, welches immer ihre schließlichen Folgen, *an sich* nicht *unmittelbar* den Betrag der Produktion ändern. Sie würde zunächst einmal vom jetzigen Stand der Dinge ausgehn. War aber die nationale Produktion *vor* der Lohnsteigerung *variabel* und nicht *fix*, so wird sie auch *nach* der Lohnsteigerung fortfahren, variabel und nicht fix zu sein.

Gesetzt aber, der Betrag der nationalen Produktion sei *konstant* statt *variabel.* Selbst dann bliebe, was unser Freund Weston für einen Vernunftschluß hält, eine bloße Behauptung. Habe ich eine gegebne Zahl, sage 8, so hindern die *absoluten*

Grenzen dieser Zahl ihre Bestandteile keineswegs, ihre *relativen* Grenzen zu ändern. Machte der Profit 6 aus und der Arbeitslohn 2, so könnte der Arbeitslohn auf 6 steigen und der Profit auf 2 fallen, und doch bliebe der Gesamtbetrag 8. So würde der fixe Betrag der Produktion keineswegs beweisen, daß der Betrag des Arbeitslohns fix sei. Wie beweist nun aber unser Freund Weston diese Fixität? Einfach indem er sie behauptet.

Aber selbst seine Behauptung zugegeben, ergibt sich aus ihr zweierlei, während er nur eins sieht. Ist der Lohnbetrag eine konstante Größe, so kann er weder vermehrt noch vermindert werden. Wenn daher die Arbeiter töricht handeln mögen, indem sie eine vorübergehende Lohnsteigerung erzwingen, so handeln die Kapitalisten nicht minder töricht, indem sie eine vorübergehende Lohnsenkung erzwingen. Unser Freund Weston leugnet nicht, daß die Arbeiter unter gewissen Umständen eine Steigerung des Arbeitslohns durchsetzen *können,* da aber sein Betrag von Natur fixiert sein soll, müsse ein Rückschlag erfolgen. Andrerseits weiß er auch, daß die Kapitalisten eine Lohnsenkung erzwingen *können* und daß sie dies in der Tat fortwährend versuchen. Nach dem Prinzip des konstanten Arbeitslohns müßte in dem einen Fall so gut wie in dem andern ein Rückschlag erfolgen. Wenn daher die Arbeiter sich dem Versuch oder der Durchführung einer Lohnsenkung widersetzten, täten sie ganz recht. Sie würden also richtig handeln, indem sie *eine Lohnsteigerung* erzwingen, weil jede *Abwehraktion* gegen eine Herabsetzung des Lohns eine *Aktion* für eine Lohnsteigerung ist. Nach Bürger Westons eignem Prinzip vom *konstanten Arbeitslohn* sollten sich die Arbeiter daher unter gewissen Umständen zusammentun und für eine Lohnsteigerung kämpfen.

Wenn er die Schlußfolgerung ablehnt, muß er die Voraussetzung preisgeben, woraus sie sich ergibt. Statt zu sagen, der Betrag des Arbeitslohns sei ein *konstantes Quantum,* müßte er sagen, daß, obgleich er weder *steigen* könne noch müsse, er vielmehr *fallen* könne und müsse, sobald es dem Kapital gefällt, ihn herabzusetzen. Beliebt es dem Kapitalisten, euch Kartoffeln an Stelle von Fleisch und Hafer an Stelle von Weizen essen zu lassen, so müßt ihr seinen Willen als Gesetz der politischen Ökonomie hinnehmen und euch ihm unterwerfen. Ist in einem Lande, z. B. den Vereinigten Staaten, die Lohnrate höher als in einem andern, z. B. England, so habt ihr euch diesen Unterschied in der Lohnrate aus einem Unterschied im Willen des amerikanischen und des englischen Kapitalisten zu erklären, eine Methode, die das Studium nicht nur der ökonomischen, sondern auch aller andern Erscheinungen zweifellos sehr vereinfachen würde.

Aber selbst dann wäre die Frage erlaubt, *warum* denn der Wille des amerikanischen Kapitalisten von dem des englischen verschieden ist. Und um auf diese Frage zu antworten, müßt ihr über den Bereich des *Willens* hinausgehen. Ein Pfaffe kann mir weismachen wollen, Gottes Wille sei in Frankreich eines und in England etwas andres. Wenn ich von ihm verlangte, mir diesen Willenszwiespalt zu erklären, könnte er die Stirn haben, mir zu antworten, es sei Gottes Wille, in Frankreich einen Willen zu haben und in England einen andern. Aber unser Freund Weston ist sicher der letzte, eine so vollständige Preisgabe alles vernünftigen Denkens als Argument geltend zu machen.

Sicher ist es der *Wille* des Kapitalisten, zu nehmen, was zu nehmen ist. Uns kommt es darauf an, nicht über seinen *Willen* zu fabeln, sondern seine *Macht* zu untersuchen, die *Schranken dieser Macht* und den *Charakter dieser Schranken*.

2. *[Produktion, Lohn, Profit]*

Der uns von Bürger Weston gehaltene Vortrag hätte in einer Nußschale Raum finden können.

Alle seine Ausführungen liefen auf folgendes hinaus: Wenn die Arbeiterklasse die Klasse der Kapitalisten zwingt, 5 sh. statt 4 in Gestalt von Geldlohn zu zahlen, so würde der Kapitalist dafür in Gestalt von Waren einen Wert von 4 statt 5 sh. zurückgeben. Die Arbeiterklasse würde das mit 5 sh. zu bezahlen haben, was sie vor der Lohnsteigerung für 4 sh. kaufte. Aber warum ist dies der Fall? Warum gibt der Kapitalist im Austausch für 5 sh. nur einen Wert von 4 sh. zurück? Weil der Lohnbetrag fix ist. Warum ist er aber zu einem Warenwert von 4 sh. fixiert? Warum nicht zu 3 oder 2 sh. oder einer beliebigen andern Summe? Ist die Grenze des Lohnbetrags durch ein ökonomisches Gesetz bestimmt, das gleich unabhängig ist vom Willen des Kapitalisten wie vom Willen des Arbeiters, so hätte Bürger Weston zunächst einmal dies Gesetz aussprechen und nachweisen müssen. Er wäre dann aber auch den Beweis schuldig gewesen, daß der in jedem gegebnen Zeitpunkt faktisch gezahlte Lohnbetrag immer exakt dem notwendigen Lohnbetrag entspricht und niemals davon abweicht. Andrerseits, beruht die gegebne Grenze des Lohnbetrags auf dem *bloßen Willen* des Kapitalisten oder den Grenzen seiner Habgier, so ist sie willkürlich. Sie ist aller Notwendigkeit bar. Sie kann *durch* den Willen des Kapitalisten und kann daher auch *gegen* seinen Willen geändert werden.

Bürger Weston illustrierte euch seine Theorie damit, daß, wenn eine Schüssel ein bestimmtes Quantum Suppe zur Speisung einer bestimmten Anzahl von Personen enthalte, ein Breiterwerden der Löffel kein Größerwerden des Quantums Suppe bewirke. Er muß mir schon gestatten, diese Illustration recht ausgelöffelt zu finden. Sie erinnerte mich einigermaßen an das Gleichnis, zu dem Menenius Agrippa seine Zuflucht nahm. Als die römischen Plebejer gegen die römischen Patrizier in den Streik traten, erzählte ihnen der Patrizier Agrippa, daß der patrizische Wanst die plebejischen Glieder des Staatskörpers mit Nahrung versehe. Agrippa blieb den Beweis schuldig, wie jemand die Glieder eines Mannes mit Nahrung versieht, indem er den Wanst eines andern füllt. Bürger Weston für sein Teil hat vergessen, daß die Schüssel, woraus die Arbeiter essen, mit dem ganzen Produkt der nationalen Arbeit gefüllt ist und daß, wenn irgend etwas die Arbeiter hindert, mehr aus der Schüssel herauszuholen, es weder die Enge der Schüssel noch die Dürftigkeit ihres Inhalts ist, sondern einzig und allein die Kleinheit ihrer Löffel.

Durch welchen Kunstgriff ist der Kapitalist imstande, für 5 Shilling einen 4-Shilling-Wert zurückzugeben? Durch die Erhöhung des Preises der von ihm verkauften Ware. Hängt denn nun aber das Steigen, ja überhaupt der Wechsel der Warenpreise, hängen etwa die Warenpreise selbst vom bloßen Willen des Kapitalisten ab? Oder sind nicht vielmehr bestimmte Umstände erforderlich, um diesen Willen wirksam zu machen? Wenn nicht, so werden die Auf- und Abbewegungen, die unaufhörlichen Fluktuationen der Marktpreise zu einem unlösbaren Rätsel.

Sobald wir unterstellen, daß keinerlei Wechsel stattgefunden, weder in der Produktivkraft der Arbeit noch im Umfang des Kapitals und der angewandten Arbeit, noch im Wert des Geldes, worin die Werte der Produkte geschätzt werden, sondern *nur ein Wechsel in der Lohnrate,* wie könnte diese *Lohnsteigerung* die *Warenpreise* beeinflussen? Doch nur, indem sie das bestehende Verhältnis zwischen der Nachfrage nach diesen Waren und ihrem Angebot beeinflußt.

Es ist sehr richtig, daß die Arbeiterklasse, als Ganzes betrachtet, ihr Einkommen in *Lebensmitteln* verausgabt und verausgaben muß. Eine allgemeine Steigerung der Lohnrate würde daher eine Zunahme der Nachfrage nach *Lebensmitteln* und folglich eine Steigerung ihrer *Marktpreise* hervorrufen. Die Kapitalisten, die diese Lebensmittel produzieren, würden für den gestiegnen Lohn mit steigenden Marktpreisen für ihre Waren entschädigt. Wie aber die andern Kapitalisten, die *nicht*

Lebensmittel produzieren? Und ihr müßt nicht glauben, daß das eine Handvoll ist. Wenn ihr bedenkt, daß 2/3 des nationalen Produkts von 1/5 der Bevölkerung – oder sogar nur von einem Siebtel, wie kürzlich ein Mitglied des Unterhauses erklärte – konsumiert werden, so begreift ihr, welch bedeutender Teil des nationalen Produkts in Gestalt von Luxusartikeln produziert oder gegen Luxusartikel *ausgetauscht* und welche Unmenge selbst von den Lebensmitteln auf Lakaien, Pferde, Katzen usw. verschwendet werden muß, eine Verschwendung, von der wir aus Erfahrung wissen, daß ihr mit steigenden Lebensmittelpreisen immer bedeutendere Einschränkungen auferlegt werden.

Wie wäre nun die Stellung der Kapitalisten, die *nicht* Lebensmittel produzieren? Für das der allgemeinen Lohnsteigerung geschuldete *Fallen der Profitrate* könnten sie sich nicht durch eine *Steigerung des Preises ihrer Waren* schadlos halten, weil die Nachfrage nach diesen Waren nicht gewachsen wäre. Ihr Einkommen wäre geschmälert; und von diesem geschmälerten Einkommen hätten sie mehr zu zahlen für die gleiche Menge im Preise gestiegner Lebensmittel. Aber das wäre noch nicht alles. Da ihr Einkommen vermindert, würden sie weniger auf Luxusartikel zu verausgaben haben, und so würde ihre wechselseitige Nachfrage für ihre respektiven Waren abnehmen. Infolge dieser Abnahme würden die Preise ihrer Waren fallen. Daher würde in diesen Industriezweigen *die Profitrate fallen,* und zwar nicht bloß im einfachen Verhältnis zu der allgemeinen Steigerung der Lohnrate, sondern im kombinierten Verhältnis zu der allgemeinen Lohnsteigerung, der Preissteigerung der Lebensmittel und dem Preisfall der Luxusartikel.

Welche Folgen hätte diese *Differenz* in den *Profitraten* für die in den verschiednen Industriezweigen angewandten Kapitalien? Nun, dieselben, die gewöhnlich stattfinden, wenn aus irgendeinem Grund die *Durchschnittsprofitrate* in den verschiednen Produktionssphären sich ändert. Kapital und Arbeit würden von den weniger gewinnbringenden nach den mehr gewinnbringenden Produktionszweigen abfließen; und dieser Abfluß würde so lange fortdauern, bis das Angebot in der einen Abteilung der Industrie im Verhältnis zu der gewachsenen Nachfrage gestiegen und in den andern Abteilungen entsprechend der verminderten Nachfrage gesunken wäre. *Sobald diese Änderung eingetreten,* wäre die *allgemeine Profitrate* in den verschiednen Zweigen wieder *ausgeglichen.* Da der ganze Umschwung ursprünglich herrührte von einem bloßen Wechsel im Verhältnis der Nachfrage nach und dem Angebot von verschiednen Waren, so würde mit dem Aufhören der Ursache die Wirkung aufhören, und die *Preise* würden auf ihr vorheriges Niveau und ins Gleichgewicht zurückkehren. *Das Fallen der Profitrate,* statt auf einige Industriezweige beschränkt zu bleiben, wäre infolge der Lohnsteigerung *allgemein* geworden. Entsprechend unsrer Unterstellung hätte eine Änderung weder in der Produktivkraft der Arbeit stattgefunden noch im Gesamtbetrag der Produktion, wohl aber *hätte dieser gegebne Betrag der Produktion seine Form geändert.* Ein größerer Teil des Produkts existierte in Gestalt von Lebensmitteln, ein kleinerer in Gestalt von Luxusartikeln, oder, was dasselbe, ein geringerer Teil würde für ausländische Luxusartikel eingetauscht und in seiner ursprünglichen Form verzehrt, oder, was wieder auf dasselbe hinauskommt, ein größerer Teil des heimischen Produkts würde für ausländische Lebensmittel statt für Luxusartikel eingetauscht. Die allgemeine Steigerung der Lohnrate würde daher nach einer vorübergehenden Störung in den Marktpreisen nur ein allgemeines Sinken der Profitrate zur Folge haben, ohne daß die Warenpreise auf die Dauer verändert wären.

Wollte man mir einwenden, ich hätte in dieser Beweisführung angenommen, daß der ganze zuschüssige Arbeitslohn auf Lebensmittel verausgabt werde, so antworte ich, daß ich die günstigste Annahme für die Ansicht des Bürgers Weston unterstellt habe. Würde der zuschüssige Arbeitslohn auf Artikel verausgabt, die früher nicht in den Konsum der Arbeiter eingingen, so bedürfte der reale Zuwachs ihrer Kaufkraft keines Beweises. Da diese Zunahme der Kaufkraft sich jedoch nur aus einer Erhöhung des Arbeitslohns herleitet, so muß sie exakt der Abnahme der Kaufkraft der Kapitalisten entsprechen. Die *Gesamtnachfrage* nach Waren würde daher nicht *zunehmen*, wohl aber wäre in den Bestandteilen dieser Nachfrage eine *wechselseitige Änderung* eingetreten. Die zunehmende Nachfrage auf der einen Seite würde wettgemacht von der abnehmenden Nachfrage auf der andern Seite. Indem so die Gesamtnachfrage unverändert bliebe, könnte keinerlei Veränderung in den Marktpreisen der Waren stattfinden.

Ihr seid also vor dies Dilemma gestellt: Entweder wird der zuschüssige Arbeitslohn gleichmäßig auf alle Konsumtionsartikel verausgabt – dann muß die Ausdehnung der Nachfrage auf seiten der Arbeiterklasse aufgewogen werden durch die Einschränkung der Nachfrage auf seiten der Kapitalistenklasse –, oder der zuschüssige Arbeitslohn wird nur auf einige Artikel verausgabt, deren Marktpreise vorübergehend steigen werden. Dann wird das nachfolgende Steigen der Profitrate in den einen und das nachfolgende Fallen der Profitrate in den andern Industriezweigen einen Wechsel in der Distribution von Kapital und Arbeit hervorrufen, so lange bis das Angebot entsprechend der gestiegnen Nachfrage in der einen Abteilung der Industrie gesteigert und entsprechend der verminderten Nachfrage in den andern gesenkt wird. Unter der einen Voraussetzung wird keine Änderung in den Warenpreisen eintreten. Unter der andern Voraussetzung werden die Tauschwerte der Waren nach einigen Schwankungen der Marktpreise auf das frühere Niveau zurückkehren. Unter beiden Voraussetzungen wird das allgemeine Steigen der Lohnrate in letzter Instanz zu nichts andrem führen als zu einem allgemeinen Fallen der Profitrate.

Um eure Einbildungskraft anzuregen, ersuchte euch Bürger Weston, die Schwierigkeiten zu bedenken, die eine allgemeine Steigerung der englischen Landarbeiterlöhne von 9 auf 18 sh.

hervorrufen würde. Bedenkt, rief er, die ungeheure Steigerung der Nachfrage nach Lebensmitteln und die nachfolgende furchtbare Steigerung ihrer Preise! Nun wißt ihr ja alle, daß der Durchschnittslohn der amerikanischen Landarbeiter sich auf mehr als das Doppelte von dem der englischen beläuft, obgleich die Preise landwirtschaftlicher Produkte in den Vereinigten Staaten niedriger sind als im Vereinigten Königreich, obgleich in den Vereinigten Staaten das gesamte Verhältnis zwischen Kapital und Arbeit das gleiche ist wie in England und obgleich der jährliche Betrag der Produktion in den Vereinigten Staaten viel geringer ist als in England. Warum läutet unser Freund dann die Sturmglocke? Einfach, um uns von der wirklichen Frage abzubringen. Eine plötzliche Lohnsteigerung von 9 auf 18 sh. wäre eine plötzliche Steigerung von 100%. Nun, wir debattieren ja gar nicht die Frage, ob die allgemeine Lohnrate in England plötzlich um 100% erhöht werden könnte. Wir haben überhaupt nichts zu tun mit der *Größe* der Steigerung, welche in jedem praktischen Fall von den gegebnen Umständen abhängen und ihnen angepaßt sein muß. Wir haben nur zu untersuchen, wie eine allgemeine Steigerung der Lohnrate wirkt, selbst wenn sie sich nur auf 1 Prozent beläuft.

Ich lasse die von Freund Weston erfundene Steigerung von 100% auf sich beruhen und mache euch auf die wirkliche Lohnsteigerung aufmerksam, die in Großbritannien von 1849 bis 1859 stattfand.

Euch allen ist die Zehnstundenbill bekannt, oder vielmehr die Zehneinhalbstundenbill, die seit 1848 in Kraft ist. Dies war eine der größten ökonomischen Veränderungen, die unter unsern Augen vorgegangen. Es war das eine plötzliche und unfreiwillige Lohnsteigerung nicht etwa in einigen lokalen Geschäftszweigen, sondern in den führenden Industriezweigen, durch die England den Weltmarkt beherrscht. Sie brachte eine Lohnsteigerung unter ausnehmend ungünstigen Umständen. Dr. Ure, Professor Senior und all die andern offiziellen ökonomischen Wortführer der Bourgeoisie *bewiesen* – und ich muß sagen, mit viel durchschlagenderen Gründen als Freund Weston –, daß sie die Totenglocke der englischen Industrie läuten werde. Sie bewiesen, daß sie nicht bloß auf eine gewöhnliche Lohnsteigerung hinauslaufe, sondern auf eine durch die Abnahme des Quantums der angewandten Arbeit veranlaßte und darauf gegründete Lohnsteigerung. Sie behaupteten, daß die 12. Stunde, die man dem Kapitalisten wegnehmen wolle, gerade die einzige Stunde sei, woraus er seinen Profit herleite. Sie drohten mit Abnahme der Akkumulation, Steigerung der Preise, Verlust der Märkte, Schrumpfung der Produktion, daher entspringendem Rückschlag auf die Löhne und schließlichem Ruin. In der Tat erklärten sie Maximilien Robespierres Gesetze über das Maximum[31] für eine Lappalie im Vergleich damit; und in gewissem Sinn hatten sie recht. Schön, was war das Resultat? Steigerung des Geldlohns der Fabrikarbeiter trotz der Verkürzung des Arbeitstags, große Zunahme der Zahl der beschäftigten Fabrikarbeiter, anhaltendes Fallen der Preise ihrer Produkte, wunderbare Entwicklung der Produktivkraft ihrer Arbeit, unerhört fortschreitende Ausdehnung der Märkte für ihre Waren. Zu Manchester, 1861[1] auf der Tagung der Gesellschaft zur Förderung der Wissenschaft, hörte ich selber Herrn *Newman* eingestehn, daß er, Dr. Ure, Senior und alle andren offiziellen Leuchten der ökonomischen Wissenschaft sich geirrt hätten, während der Instinkt des Volks recht behalten habe. Ich nenne Herrn W. Newman[32] – nicht Professor Francis Newman –, weil er eine hervorragende Stellung in der ökonomischen Wissenschaft einnimmt als Mitarbeiter und Herausgeber von Herrn *Thomas Tookes „History of Prices“*, diesem prächtigen Werk, das die Geschichte der Preise von 1793 bis 1856 verfolgt. Wenn Freund Westons fixe Idee von einem fixen Lohnbetrag, einem fixen Betrag der Produktion, einem

[1] Im Manuskript irrtümlich: 1860

fixen Grad der Produktivkraft der Arbeit, einem fixen und immerwährenden Willen der Kapitalisten und alle seine übrige Fixität und Finalität richtig wären, so wären Professor Seniors traurige Voraussagen richtig gewesen, und unrecht hätte Robert Owen gehabt, der bereits 1816 eine allgemeine Beschränkung des Arbeitstags für den ersten vorbereitenden Schritt zur Befreiung der Arbeiterklasse erklärte und sie, dem landläufigen Vorurteil praktisch zum Trotz, auf eigne Faust in seiner Baumwollspinnerei zu New Lanark durchführte.

Während ebenderselben Periode, in der die Einführung der Zehnstundenbill und die nachfolgende Lohnsteigerung vor sich ging, erfolgte in Großbritannien aus Gründen, die aufzuzählen hier nicht der Ort ist, *eine allgemeine Steigerung der Landarbeiterlöhne.*

Obgleich es für meinen unmittelbaren Zweck nicht erheischt ist, werde ich dennoch, um bei euch keine Mißverständnisse aufkommen zu lassen, einige Vorbemerkungen machen.

Wenn ein Mann erst 2 sh. Wochenlohn erhält und sein Lohn dann auf 4 sh. steigt, so ist die *Lohnrate* um 100 % gestiegen. Als Steigerung der *Lohnrate* ausgedrückt scheint dies eine großartige Sache, obgleich der *faktische Lohnbetrag,* 4 sh. die Woche, noch immer ein miserabel niedriger, ein Hungerlohn wäre. Ihr müßt euch daher von den groß klingenden Prozentzahlen der *Rate* des Arbeitslohns nicht beirren lassen. Ihr müßt immer fragen: Was war der *ursprüngliche* Betrag?

Ferner werdet ihr verstehen, daß, wenn 10 Mann je 2 sh. die Woche, 5 Mann je 5 sh. und 5 Mann je 11 sh. wöchentlich erhielten, die 20 Mann zusammen 100 sh. oder 5 Pfd. St. wöchentlich erhalten würden. Wenn nun eine sage zwanzigprozentige Steigerung der *Gesamt*summe ihres Wochenlohns stattfände, so gäbe das eine Zunahme von 5 auf 6 Pfd. St. Zögen wir den Durchschnitt, so könnten wir sagen, daß die *allgemeine Lohnrate* um 20 % gestiegen wäre, obgleich in Wirklichkeit der Arbeitslohn der 10 Mann unverändert geblieben, der der einen

Gruppe von 5 Mann nur von 5 auf 6 sh. per Mann und der der anderen von 5 Mann von insgesamt 55 auf 70 sh. gestiegen wäre. Eine Hälfte der Leute hätte ihre Lage überhaupt nicht verbessert, 1/4 in kaum merklichem Grade, und nur 1/4 hätte sie wirklich verbessert. Indes, im *Durchschnitt* gerechnet, hätte der Gesamtlohnbetrag jener 20 Mann um 20 % zugenommen, und soweit das Gesamtkapital in Betracht kommt, das sie beschäftigt, und die Preise der Waren, die sie produzieren, würde es genau dasselbe sein, als hätten sie alle gleichmäßig an der durchschnittlichen Lohnsteigerung teilgenommen. Was nun den Fall mit der Landarbeit angeht, für die der Lohnstandard in den verschiednen Grafschaften Englands und Schottlands sehr verschieden ist, so wirkte sich die Steigerung sehr ungleich auf ihn aus.

Endlich waren während der Periode, in der jene Lohnsteigerung stattfand, entgegenwirkende Einflüsse am Werk, wie z. B. die durch den Russischen Krieg[33] hervorgerufenen neuen Steuern, die massenhafte Zerstörung der Wohnhäuser der Landarbeiter[34] usw.

Nachdem ich soviel vorausgeschickt, komme ich nun zu der Feststellung, daß von 1849 bis 1859 die Durchschnittsrate der Landarbeiterlöhne Großbritanniens eine *Steigerung von ungefähr 40 %* erfuhr. Ich könnte weitläufige Einzelheiten zum Beweis meiner Behauptung anführen, aber für vorliegenden Zweck betrachte ich es als ausreichend, auf den gewissenhaften und kritischen Vortrag hinzuweisen, den der verstorbne Herr *John C. Morton* 1860 über *„The Forces used in Agriculture“* in der Londoner Society of Arts[35] hielt. Herr Morton führt statistische Angaben aus Quittungen und andern authentischen Schriftstücken an, die er in 12 schottischen und 35 englischen Grafschaften bei ungefähr 100 dort ansässigen Pächtern gesammelt.

Gemäß Freund Westons Ansicht, und wenn man damit die gleichzeitige Steigerung des Arbeitslohns der Fabrikarbeiter in

Zusammenhang bringt, hätten die Preise der landwirtschaftlichen Produkte während der Periode von 1849 bis 1859 gewaltig steigen müssen. Was aber geschah faktisch? Trotz des Russischen Kriegs und der aufeinanderfolgenden ungünstigen Ernten von 1854 bis 1856 fiel der Durchschnittspreis des Weizens – der das wichtigste landwirtschaftliche Produkt Englands ist – von ungefähr 3 Pfd. St. per Quarter in den Jahren 1838 bis 1848 auf ungefähr 2 Pfd. St. 10 sh. per Quarter für die Jahre 1849 bis 1859. Das macht eine Abnahme des Weizenpreises von mehr als 16 % in derselben Zeit, wo die Steigerung der Landarbeiterlöhne im Durchschnitt 40 % betrug. Während derselben Periode, wenn wir ihr Ende mit ihrem Beginn, 1859 mit 1849 vergleichen, nahm der offizielle Pauperismus von 934 419 auf 860 470 ab, was eine Differenz von 73 949 ausmacht. Ich gestehe, das ist eine sehr kleine Abnahme, die überdies in den folgenden Jahren wieder verlorenging, aber immerhin eine Abnahme.

Es kann gesagt werden, daß infolge der Abschaffung der Korngesetze[36] die Einfuhr von ausländischem Korn in der Periode von 1849 bis 1859 sich mehr als verdoppelt hat, verglichen mit der Periode von 1838 bis 1848. Was folgt aber daraus? Von Bürger Westons Standpunkt würde man erwartet haben, daß diese plötzliche, gewaltige und anhaltend zunehmende Nachfrage auf den ausländischen Märkten die Preise der landwirtschaftlichen Produkte dort furchtbar hinaufgeschraubt haben müßte, da die Wirkung einer vergrößerten Nachfrage die gleiche bleibt, ob sie nun vom Ausland oder vom Inland kommt. Was geschah faktisch? Mit Ausnahme einiger Jahre schlechter Ernten bildete das ruinöse Fallen des Kornpreises in dieser ganzen Periode das stehende Thema, worüber in Frankreich deklamiert wurde; die Amerikaner sahen sich immer und immer wieder genötigt, ihr überschüssiges Produkt zu verbrennen; und wenn wir Herrn Urquhart glauben sollen, so schürte Rußland den Bürgerkrieg in den Vereinigten Staaten, weil seine landwirtschaftliche Ausfuhr auf den Kornmärkten Europas durch die Konkurrenz der Yankees geschmälert wurde.

Auf ihre abstrakte Form reduziert, käme Bürger Westons Behauptung auf folgendes hinaus: Jede Steigerung der Nachfrage geht immer auf Basis eines gegebnen Betrags der Produktion vor sich. Sie kann daher *nie das Angebot der nachgefragten Artikel vergrößern,* sondern *nur ihre Geldpreise erhöhn.* Nun lehrt aber die einfachste Beobachtung, daß eine vergrößerte Nachfrage in einigen Fällen die Marktpreise der Waren durchaus unverändert läßt, in andern Fällen ein vorübergehendes Steigen der Marktpreise bewirkt, begleitet von vergrößertem Angebot und wiederum von einem Rückgang der Preise *auf* ihr ursprüngliches Niveau, ja, vielfach sogar *darunter.* Ob die Steigerung der Nachfrage aus zuschüssigem Arbeitslohn oder einer andern Ursache entspringt, ändert nichts an den Bedingungen des Problems. Von Bürger Westons Standpunkt war die allgemeine Erscheinung ebenso schwer zu erklären wie die unter den Ausnahmeumständen einer Lohnsteigerung eintretende Erscheinung. Seine Beweisführung stand daher in keinerlei Zusammenhang mit dem Gegenstand, den wir behandeln. Sie war nur der Ausdruck seiner Hilflosigkeit gegenüber den Gesetzen, wodurch eine Zunahme der Nachfrage, statt eine schließliche Steigerung der Marktpreise hervorzurufen, vielmehr eine Zunahme des Angebots herbeiführt.

3. [Löhne und Geldumlauf]

Am zweiten Tag der Debatte kleidete Freund Weston seine alte Behauptung in neue Formen. Er sagte: Infolge eines allgemeinen Steigens der Geldlöhne sind mehr Zirkulationsmittel zur Zahlung desselben Arbeitslohns erforderlich. Da der Geldumlauf *fix* ist, wie sollen mit diesen fixen Zirkulationsmitteln die erhöhten Geldlöhne bezahlt werden können? Erst ergab sich die Schwierigkeit aus dem fixen Warenquantum, das dem Arbeiter trotz seines vermehrten Geldlohns zukomme; jetzt wird sie trotz des fixen Warenquantums aus dem erhöhten Geldlohn hergeleitet. Lehnt ihr sein ursprüngliches Dogma ab, so verschwinden natürlich seine dadurch verursachten Schwierigkeiten.

Indes werde ich nachweisen, daß diese Frage des Geldumlaufs durchaus nichts mit unserm Gegenstand zu tun hat.

In eurem Land ist der Mechanismus der Zahlungen viel vollkommener als in irgendeinem andern Land Europas. Dank der Größe und Konzentration des Banksystems sind viel weniger Zirkulationsmittel erforderlich zur Zirkulierung desselben Wertbetrags und zur Vollziehung derselben oder einer größeren Anzahl von Geschäften. Soweit der Arbeitslohn in Betracht kommt, gibt ihn z. B. der englische Fabrikarbeiter allwöchentlich bei dem Krämer aus, der ihn jede Woche dem Bankier zuschickt, der ihn seinerseits jede Woche wieder dem Fabrikanten zukommen läßt, der ihn wieder an seine Arbeiter zahlt usw. Vermöge dieser Einrichtung kann der Jahreslohn eines Arbeiters sage von 52 Pfd. St. mit einem einzigen Sovereign bezahlt werden, der allwöchentlich denselben Zirkel beschreibt. In England ist dieser Mechanismus sogar weniger vollkommen als in Schottland, und er ist nicht an allen Orten gleich vollkommen; und daher finden wir z. B., daß in einigen Ackerbaudistrikten im Vergleich zu den Fabrikdistrikten viel mehr Zirkulationsmittel erforderlich sind, um einen viel kleineren Wertbetrag zu zirkulieren.

Wenn ihr den Kanal überquert, so werdet ihr finden, daß dort der *Geldlohn* viel niedriger ist als in England, daß er aber in Deutschland, Italien, der Schweiz und Frankreich vermittels einer *viel größeren Menge Zirkulationsmittel* zirkuliert wird. Derselbe Sovereign wird vom Bankier nicht so rasch aufgefangen oder zum industriellen Kapitalisten zurückgebracht; und daher bedarf es statt eines Sovereigns, der 52 Pfd. St. im Jahr zirkuliert, vielleicht dreier Sovereigns, um einen Jahreslohn in Höhe von 25 Pfd. St. zu zirkulieren. Vergleicht ihr somit die Länder des Kontinents mit England, so werdet ihr sofort einsehen, daß niedriger Geldlohn viel mehr Zirkulationsmittel zu seinem Umlauf erheischen kann als hoher Geldlohn und daß dies in Wirklichkeit eine rein technische Angelegenheit ist, die unserm Gegenstand gänzlich fernliegt.

Gemäß den genausten Berechnungen, die mir bekannt sind, dürfte das jährliche Einkommen der Arbeiterklasse dieses Landes auf 250 Millionen Pfd. St. zu schätzen sein. Diese gewaltige Summe wird mit ungefähr 3 Millionen Pfd. St. zirkuliert. Unterstellt, es fände eine Lohnsteigerung von 50 % statt. Dann wären statt 3 Millionen Pfd. St. Zirkulationsmittel 4 ½ Millionen Pfd. St. erforderlich. Da ein sehr bedeutender Teil der täglichen Ausgaben des Arbeiters mit Silber- und Kupfermünze, d.h. mit bloßen Wertzeichen, bestritten wird, deren Wertverhältnis zum Gold durch Gesetz konventionell festgestellt ist, ebenso wie das von nicht einlösbarem Papiergeld, so würde eine fünfzigprozentige Steigerung des Geldlohns im schlimmsten Fall eine zusätzliche Zirkulation von Sovereigns zum Betrag von sage einer Million erheischen. Eine Million, die jetzt in Form von Barren oder gemünztem Gold in den Kellern der Bank von England oder von Privatbanken ruht, würde in Umlauf gebracht. Aber selbst die unbedeutenden Ausgaben, die aus der zusätzlichen Prägung oder dem zusätzlichen Verschleiß jener Million erwachsen, könnten und würden tatsächlich gespart werden, wenn infolge zuschüssiger Nachfrage nach Zirkulationsmitteln irgendwelche Reibungen entstehen sollten. Ihr alle wißt, daß die Zirkulationsmittel dieses Landes in zwei große Abteilungen zerfallen. Eine Sorte, die in Banknoten verschiednen Nennwerts geliefert wird, dient in den Umsätzen zwischen Geschäftsleuten und bei größeren Zahlungen von Konsumenten an Geschäftsleute, während im Kleinhandel eine andre Sorte Zirkulationsmittel umläuft, das Metallgeld. Obgleich voneinander unterschieden, vertritt jede der beiden Sorten Zirkulationsmittel die Stelle der andern. So läuft Goldmünze zu einem sehr bedeutenden Betrag selbst bei größeren Zahlungen um, wo es sich bei den zu zahlenden Summen um Überschüsse unter 5 Pfd. St., aber runde Summen handelt. Würden morgen 4- oder 3- oder 2-Pfd.-St.-Noten ausgegeben werden, so würden die Goldmünzen, die diese Kanäle der Zirkulation füllen, sofort aus ihnen vertrieben werden und in diejenigen Kanäle strömen, wo sie infolge der Zunahme des Geldlohns benötigt wären. So würde die zuschüssige Million, durch eine fünfzigprozentige Lohnerhöhung erheischt, geliefert werden, ohne daß ein einziger Sovereign zugesetzt zu werden brauchte. Dieselbe Wirkung könnte ohne eine einzige zusätzliche Banknote hervorgebracht werden vermittels vermehrter Zirkulation von Wechseln, wie dies in Lancashire sehr lange Zeit der Fall war.

Wenn ein allgemeines Steigen der Lohnrate – z. B. von 100 %, wie Bürger Weston es bei den Landarbeiterlöhnen annahm – eine große Steigerung der Lebensmittelpreise hervorriefe und – gemäß seiner Ansicht – einen nicht beschaffbaren Betrag zuschüssiger Zirkulationsmittel erheischte, so müßte ein *allgemeines Fallen des Arbeitslohns* dieselbe Wirkung auf gleicher Stufenleiter in umgekehrter Richtung hervorbringen. Schön! Ihr alle wißt, daß die Jahre 1858 bis 1860 die prosperierendsten für die Baumwollindustrie waren und daß namentlich das Jahr 1860 in dieser Beziehung in den Annalen des Gewerbes einzig dasteht, während zu derselben Zeit auch alle andern Industriezweige eine hohe Blüte erlebten. Die Löhne der Baumwollarbeiter und aller andern mit deren Geschäftszweig verknüpften Arbeiter standen 1860 höher als je zuvor. Die amerikanische Krise kam, und diese gesamten Löhne wurden plötzlich ungefähr auf 1/4 ihres frühern Betrags herabgesetzt. In umgekehrter Richtung wäre dies eine Steigerung auf 400 % gewesen. Steigt der Arbeitslohn von 5 auf 20, so sagen wir, daß er um 300

Prozent gestiegen sei; fällt er von 20 auf 5, so sagen wir, er sei um 75 % gefallen; aber der Betrag, um den er in dem einen Fall steigt und in dem andern fällt, wäre derselbe, nämlich 15 sh. Es war dies nun ein plötzlicher, beispielloser Wechsel in der Lohnrate, der zugleich eine Arbeiterzahl in Mitleidenschaft zog, die um die Hälfte die Zahl der Landarbeiter überstieg, wenn nicht nur sämtliche direkt in der Baumwollindustrie beschäftigten, sondern auch indirekt von ihr abhängigen Arbeiter mitgerechnet werden. Fiel nun etwa der Weizenpreis? Er *stieg* von einem Jahresdurchschnitt von 47 sh. 8 d. per Quarter während der drei Jahre 1858–1860 auf einen Jahresdurchschnitt von 55 sh. 10 d. per Quarter während der drei Jahre 1861–1863. Was nun die Zirkulationsmittel angeht, so hatte die Münze 1861 8 673 232 Pfd. St. gegenüber 3 378 102 Pfd. St. im Jahre 1860 geprägt. Das heißt, 1861 war für 5 295 130 Pfd. St. mehr geprägt worden als 1860. Allerdings waren 1861 um 1 319 000 Pfd. St. weniger Banknoten im Umlauf als 1860. Zieht das ab. Bleibt für das Jahr 1861 im Vergleich mit dem Prosperitätsjahr 1860 immer noch ein Überschuß an Zirkulationsmitteln zum Betrag von 3 976 130 Pfd. St. oder ungefähr 4 Millionen Pfd. St.; aber der Goldvorrat der Bank von England hatte gleichzeitig abgenommen, wenn nicht genau, so doch annähernd im gleichen Verhältnis.

Vergleicht das Jahr 1862 mit 1842. Abgesehn von der gewaltigen Zunahme in Wert und Menge der in Zirkulation gesetzten Waren betrug das zu regulären Bedingungen auf Aktien, Anleihen etc. für die Eisenbahnen in England und Wales eingezahlte Kapital 1862 allein 320 Millionen Pfd. St., eine Summe, die 1842 märchenhaft erschienen wäre. Dennoch waren die Gesamtquanta des 1862 und 1842 umlaufenden Geldes so ziemlich gleich; und überhaupt werdet ihr finden, daß angesichts einer enormen Wertsteigerung nicht nur von Waren, sondern allgemein aller Geldumsätze das umlaufende Geld die Tendenz hat, in wachsendem Maß abzunehmen. Von Freund Westons Standpunkt aus ist dies ein unlösbares Rätsel.

Wäre er etwas tiefer in die Sache eingedrungen, so hätte er gefunden, daß – ganz abgesehn vom Arbeitslohn und ihn als fix unterstellend – Wert und Masse der Waren, die zirkuliert werden sollen, und überhaupt der Betrag der Geldumsätze täglich schwanken; daß die Menge der ausgegebnen Banknoten täglich schwankt; daß der Betrag der Zahlungen, die ohne Dazwischenkunft des Geldes mit Hilfe von Wechseln, Schecks, Buchkrediten, Verrechnungsbanken beglichen werden, täglich schwankt; daß, soweit Bargeld als Zirkulationsmittel erheischt, das Verhältnis zwischen zirkulierender Münze einerseits und andrerseits den Münzen und Barren, die in Reserve gehalten werden oder in den Kellern der Banken ruhn, täglich schwankt; daß die Menge ungemünzten Edelmetalls, das von der nationalen Zirkulation absorbiert, und die Menge, die für die internationale Zirkulation ins Ausland geschickt wird, täglich schwanken. Er hätte gefunden, daß sein Dogma von den fixen Zirkulationsmitteln ein ungeheurer Irrtum ist, unvereinbar mit der tagtäglichen Bewegung. Er würde die Gesetze untersucht haben, die es ermöglichen, daß der Geldumlauf sich Umständen anpaßt, die sich so ununterbrochen ändern, statt sein Mißverständnis betreffs der Gesetze des Geldumlaufs in ein Argument gegen eine Lohnsteigerung zu verwandeln.

4. [Angebot und Nachfrage]

Unser Freund Weston hält sich an das lateinische Sprichwort, daß „repetitio est mater studiorum“, d. h. daß die Wiederholung die Mutter des Studiums ist, und demzufolge wiederholte er sein ursprüngliches Dogma unter der neuen Form, daß die Kontraktion des Geldumlaufs, die aus einer Lohnerhöhung resultieren soll, eine Abnahme des Kapitals hervorrufen würde etc. Nachdem seine Geldumlaufsmarotte abgetan, halte ich es für ganz zwecklos, von den imaginären Folgen Notiz zu nehmen, die seiner Einbildung nach aus seinen imaginären Zirkulationsmißgeschicken entstehn. Ich will nunmehr sein *Dogma,* das immer *ein und dasselbe* ist, in wieviel verschiednen Gestalten es auch wiederholt wird, *auf seinen einfachsten theoretischen Ausdruck* reduzieren.

Die unkritische Art, in der er seinen Gegenstand behandelt hat, wird aus einer einzigen Bemerkung klar. Er spricht sich gegen eine Lohnsteigerung oder gegen hohen Arbeitslohn als Resultat einer solchen Steigerung aus. Nun frage ich ihn: Was ist hoher und was ist niedriger Arbeitslohn? Warum bedeuten z.B. 5 sh. einen niedrigen und 20 sh. einen hohen Wochenlohn? Wenn 5 verglichen mit 20 niedrig ist, so ist 20 noch niedriger verglichen mit 200. Wenn jemand, der eine Vorlesung über das Thermometer zu halten hat, damit anfinge, über hohe und niedrige Grade zu deklamieren, so würde er keinerlei Kenntnisse vermitteln. Er müßte mir zunächst einmal sagen, wie der Gefrierpunkt gefunden wird und wie der Siedepunkt, und wie diese Festpunkte durch Naturgesetze bestimmt werden, nicht durch die Laune der Verkäufer oder Hersteller von Thermometern. Mit Bezug auf Arbeitslohn und Profit hat Bürger Weston es nun nicht nur unterlassen, solche Festpunkte aus ökonomischen Gesetzen abzuleiten, er hat es nicht einmal für nötig befunden, sich danach umzusehn. Er gab sich damit zufrieden, die landläufigen Vulgärausdrücke „niedrig“ und „hoch“ als eindeutige Ausdrücke hinzunehmen, obgleich es in die Augen springt, daß Arbeitslöhne nur hoch oder niedrig genannt werden können, wenn man sie mit einem Standard vergleicht, woran ihre Größen zu messen wären.

Er wird nicht imstande sein, mir zu erklären, warum ein bestimmter Geldbetrag für eine bestimmte Arbeitsmenge gegeben wird. Sollte er mir antworten, „dies wurde durch das Gesetz von Angebot und Nachfrage bestimmt“, so würde ich ihn zunächst einmal fragen, durch welches Gesetz denn Angebot und Nachfrage selbst reguliert werden. Und dieser Einwand würde ihn sofort außer Gefecht setzen. Die Beziehungen zwischen Angebot und Nachfrage von Arbeit erfahren fortwährend Veränderungen und mit ihnen auch die Marktpreise der Arbeit. Wenn die Nachfrage das Angebot übersteigt, so erhöht sich der Arbeitslohn; wenn das Angebot die Nachfrage übersteigt, so sinkt der Arbeitslohn, obgleich es unter diesen Umständen notwendig werden könnte, den wirklichen Stand von Nachfrage und Zufuhr durch einen Streik z. B. oder in andrer Weise zu *ermitteln*. Erkennt ihr aber Angebot und Nachfrage als das den Arbeitslohn regelnde Gesetz an, so wäre es ebenso kindisch wie zwecklos, gegen eine Lohnsteigerung zu wettern, weil eine periodische Lohnsteigerung gemäß dem obersten Gesetz, auf das ihr euch beruft, ebenso notwendig und gesetzmäßig ist wie ein periodisches Fallen des Arbeitslohns. Wenn ihr dagegen Angebot und Nachfrage *nicht* als das den Arbeitslohn regelnde Gesetz anerkennt, so frage ich nochmals, warum ein bestimmter Geldbetrag für eine bestimmte Arbeitsmenge gegeben wird?

Um aber die Sache umfassender zu betrachten: Ihr wärt sehr auf dem Holzweg, falls ihr glaubtet, daß der Wert der Arbeit oder jeder beliebigen andern Ware in letzter Instanz durch Angebot und Nachfrage festgestellt werde. Angebot und Nachfrage regeln nichts als die vorübergehenden *Fluktuationen* der Marktpreise. Sie werden euch erklären, warum der Marktpreis einer Ware über ihren *Wert* steigt oder unter ihn fällt, aber sie können nie über diesen *Wert* selbst Aufschluß geben. Unterstellt, daß Angebot und Nachfrage sich die Waage halten oder, wie die Ökonomen das nennen, einander decken. Nun, im selben Augenblick, wo diese entgegengesetzten Kräfte gleich werden, heben sie einander auf und wirken nicht mehr in der einen oder der andern Richtung. In dem Augenblick, wo Angebot und Nachfrage einander die Waage halten und daher zu wirken aufhören, fällt der *Marktpreis* einer Ware mit ihrem *wirklichen Wert*, mit dem Normalpreis zusammen, um den ihre

Marktpreise oszillieren. Bei Untersuchung der Natur dieses *Werts* haben wir daher mit den vorübergehenden Einwirkungen von Angebot und Nachfrage auf die Marktpreise nichts mehr zu schaffen. Das gleiche gilt vom Arbeitslohn wie von den Preisen aller andern Waren.

5. *[Löhne und Preise]*

Auf ihren einfachsten theoretischen Ausdruck reduziert, lösen sich alle Argumente unsres Freundes in das einzige Dogma auf: „*Die Warenpreise werden bestimmt oder geregelt durch die Arbeitslöhne.*"

Ich könnte mich auf die praktische Beobachtung berufen, um Zeugnis abzulegen gegen diesen längst überholten und widerlegten Trugschluß. Ich könnte darauf hinweisen, daß die englischen Fabrikarbeiter, Bergleute, Schiffbauer usw., deren Arbeit relativ hoch bezahlt wird, durch die Wohlfeilheit ihres Produkts alle andern Nationen ausstechen, während z.B. den englischen Landarbeiter, dessen Arbeit relativ niedrig bezahlt wird, wegen der Teuerkeit seines Produkts fast jede andre Nation aussticht. Durch Vergleichung zwischen Artikeln ein und desselben Landes und zwischen Waren verschiedner Länder könnte ich – von einigen mehr scheinbaren als wirklichen Ausnahmen abgesehn – nachweisen, daß im Durchschnitt hochbezahlte Arbeit Waren mit niedrigem Preis und niedrig bezahlte Arbeit Waren mit hohem Preis produziert. Dies wäre natürlich kein Beweis dafür, daß der hohe Preis der Arbeit in dem einen und ihr niedriger Preis in dem andern Fall die respektiven Ursachen so diametral entgegengesetzter Wirkungen sind, wohl aber wäre dies jedenfalls ein Beweis, daß die Preise der Waren nicht von den Preisen der Arbeit bestimmt werden. Indes ist es ganz überflüssig für uns, diese empirische Methode anzuwenden.

Es könnte vielleicht bestritten werden, daß Bürger Weston das Dogma aufgestellt hat: *„Die Warenpreise werden bestimmt oder geregelt durch die Arbeitslöhne."* Er hat es in der Tat niemals ausgesprochen. Er sagte vielmehr, daß Profit und Rente ebenfalls Bestandteile der Warenpreise bilden, weil es die Warenpreise seien, woraus nicht bloß die Löhne des Arbeiters, sondern auch die Profite des Kapitalisten und die Renten des Grundeigentümers bezahlt werden müssen. Wie stellt er sich aber die Preisbildung vor? Zunächst durch den Arbeitslohn. Sodann wird ein zuschüssiger Prozentsatz zugunsten des Kapitalisten und ein weitrer zugunsten des Grundeigentümers daraufgeschlagen. Unterstellt, der Lohn für die in der Produktion einer Ware angewandte Arbeit sei 10. Wäre die Profitrate 100 %, so würde der Kapitalist auf den vorgeschossenen Arbeitslohn 10 aufschlagen, und wenn die Rentrate ebenfalls 100 % auf den Arbeitslohn betrüge, so würden weitere 10 aufgeschlagen, und der Gesamtpreis der Ware beliefe sich auf 30. Eine solche Bestimmung der Preise wäre aber einfach ihre Bestimmung durch den Arbeitslohn. Stiege im obigen Fall der Arbeitslohn auf 20, so der Preis der Ware auf 60 usw. Demzufolge haben alle überholten ökonomischen Schriftsteller, die dem Dogma, daß der Arbeitslohn die Preise reguliere, Anerkennung verschaffen wollten, es damit zu beweisen gesucht, daß sie Profit und Rente *als bloße prozentuale Aufschläge auf den Arbeitslohn* behandelten. Keiner von ihnen war natürlich imstande, die Grenzen dieser Prozentsätze auf irgendein ökonomisches Gesetz zu reduzieren. Sie scheinen vielmehr gedacht zu haben, die Profite würden durch Tradition, Gewohnheit, den Willen des Kapitalisten oder nach irgendeiner andern gleicherweise willkürlichen und unerklärlichen Methode festgesetzt. Wenn sie versichern, die Konkurrenz unter den Kapitalisten setze sie fest, so sagen sie gar nichts. Zweifellos ist es diese Konkurrenz, wodurch die verschiednen Profitraten in den verschiednen Geschäftszweigen ausgeglichen oder auf ein Durchschnittsniveau reduziert werden, aber nie kann sie dies Niveau selbst oder die allgemeine Profitrate bestimmen.

Was ist gemeint, wenn man sagt, daß die Warenpreise durch den Arbeitslohn bestimmt seien? Da Arbeitslohn nur ein anderer Name für den Preis der Arbeit, so ist damit gemeint, daß die Preise der Waren durch den Preis der Arbeit reguliert werden. Da „*Preis*" Tauschwert ist – und wo ich von Wert spreche, ist immer von Tauschwert die Rede –, also Tausch*wert in Geld ausgedrückt,* so läuft der Satz darauf hinaus, daß „der *Wert der Waren bestimmt wird durch den Wert der Arbeit*" oder daß „*der Wert der Arbeit der allgemeine Wertmesser ist*".

Wie aber wird dann der „*Wert der Arbeit*" selbst bestimmt? Hier kommen wir an einen toten Punkt. An einen toten Punkt natürlich nur, wenn wir logisch zu folgern versuchen. Die Prediger jener Doktrin machen mit logischen Skrupeln allerdings kurzen Prozeß. Unser Freund Weston zum Beispiel. Erst erklärte er uns, daß der Arbeitslohn den Warenpreis bestimme und daß folglich mit dem Steigen des Arbeitslohns die Preise steigen müßten. Dann machte er eine Wendung, um uns weiszumachen, eine Lohnsteigerung sei zu nichts gut, weil die Warenpreise gestiegen wären und weil die Löhne in der Tat durch die Preise der Waren, worauf sie verausgabt, gemessen würden. Somit beginnen wir mit der Behauptung, daß der Wert der Arbeit den Wert der Waren bestimme, und enden mit der Behauptung, daß der Wert der Waren den Wert der Arbeit bestimme. So drehen wir uns in einem höchst fehlerhaften Kreislauf und kommen überhaupt zu keinem Schluß.

Alles in allem ist es klar, daß, wenn man den Wert einer Ware, sage von Arbeit, Korn oder jeder andern Ware, zum allgemeinen Maß und Regulator des Werts macht, man die Schwierigkeit bloß von sich abschiebt, da man einen Wert durch einen andern bestimmt, der seinerseits wieder der Bestimmung bedarf.

Auf seinen abstraktesten Ausdruck gebracht, läuft das Dogma, daß „der Arbeitslohn die Warenpreise bestimmt", darauf hinaus, daß „Wert durch Wert bestimmt ist", und diese Tautologie bedeutet, daß wir in Wirklichkeit überhaupt nichts über den Wert wissen. Halten wir uns an diese Prämisse, so wird alles Räsonieren über die allgemeinen Gesetze der politischen Ökonomie zu leerem Geschwätz. Es war daher das große Verdienst Ricardos, daß er in seinem 1817 veröffentlichten Werk *„On the Principles of Political Economy"* den alten landläufigen und abgedroschnen Trugschluß, wonach „der Arbeitslohn die Preise bestimmt", von Grund aus zunichte machte, einen Trugschluß, den Adam Smith und seine französischen Vorgänger in den wirklich wissenschaftlichen Partien ihrer Untersuchungen aufgegeben hatten, den sie aber in den mehr exoterischen und verflachenden Kapiteln dennoch wieder aufnahmen.

6. [Wert und Arbeit]

Bürger, ich bin jetzt an einen Punkt gelangt, wo ich auf die wirkliche Entwicklung der Frage eingehn muß. Ich kann nicht versprechen, daß ich dies in sehr zufriedenstellender Weise tun werde, weil ich sonst gezwungen wäre, das ganze Gebiet der politischen Ökonomie durchzunehmen. Ich kann, wie die Franzosen sagen würden, bloß „effleurer la question", die Hauptpunkte berühren.

Die erste Frage, die wir stellen müssen, ist die: Was ist der *Wert* einer Ware? Wie wird er bestimmt?

Auf den ersten Blick möchte es scheinen, daß der Wert einer Ware etwas ganz *Relatives* und ohne die Betrachtung der einen Ware in ihren Beziehungen zu allen andern Waren gar nicht zu Bestimmendes ist. In der Tat, wenn wir vom Wert, vom Tauschwert einer Ware sprechen, meinen wir die quantitativen Proportionen, worin sie sich mit allen andern Waren austauscht. Aber dann erhebt sich die Frage: Wie werden die Proportionen reguliert, in denen Waren sich miteinander austauschen?

Wir wissen aus Erfahrung, daß diese Proportionen unendlich mannigfaltig sind. Nehmen wir eine einzelne Ware, z.B. Weizen, so finden wir, daß ein Quarter Weizen sich in fast unzähligen Variationen von Proportionen mit den verschiedensten Waren austauscht. Indes, *da sein Wert stets derselbe bleibt,* ob in Seide, Gold oder irgendeiner andern Ware ausgedrückt, so muß er etwas von diesen *verschiednen Proportionen des Austausches* mit verschiednen Artikeln Unterschiedliches und Unabhängiges sein. Es muß möglich sein, diese mannigfachen Gleichsetzungen mit mannigfachen Waren in einer davon sehr verschiednen Form auszudrücken.

Sage ich ferner, daß ein Quarter Weizen sich in bestimmter Proportion mit Eisen austauscht oder daß der Wert eines Quarters Weizen in einer bestimmten Menge Eisen ausgedrückt wird, so sage ich, daß der Weizenwert und sein Äquivalent in Eisen *irgendeinem Dritten* gleich sind, das weder Weizen noch Eisen ist, weil ich ja unterstelle, daß beide dieselbe Größe in zwei verschiednen Gestalten ausdrücken. Jedes der beiden, der Weizen und das Eisen, muß daher unabhängig vom andern reduzierbar sein auf dies Dritte, das ihr gemeinsames Maß ist.

Ein ganz einfaches geometrisches Beispiel veranschauliche dies. Wie verfahren wir, wenn wir die Flächeninhalte von Dreiecken aller erdenklichen Form und Größe oder von Dreiecken mit Rechtecken oder andern gradlinigen Figuren vergleichen? Wir reduzieren den Flächeninhalt jedes beliebigen Dreiecks auf einen von seiner sichtbaren Form ganz verschiednen Ausdruck. Nachdem wir aus der Natur des Dreiecks gefunden, daß sein Flächeninhalt gleich ist dem halben Produkt aus seiner Grundlinie und seiner Höhe, können wir nunmehr die verschiednen Flächeninhalte aller Arten von Dreiecken und aller erdenklichen gradlinigen Figuren miteinander vergleichen, weil sie alle in eine bestimmte Anzahl von Dreiecken zerlegt werden können.

Dieselbe Verfahrungsweise muß bei den Werten der Waren stattfinden. Wir müssen imstande sein, sie alle auf einen allen gemeinsamen Ausdruck zu reduzieren und sie nur durch die Proportionen zu unterscheiden, worin sie eben jenes und zwar identische Maß enthalten.

Da die *Tauschwerte* der Waren nur *gesellschaftliche Funktionen* dieser Dinge sind und gar nichts zu tun haben mit ihren *natürlichen* Qualitäten, so fragt es sich zunächst: Was ist die gemeinsame *gesellschaftliche Substanz* aller Waren? Es ist die *Arbeit*. Um eine Ware zu produzieren, muß eine bestimmte Menge Arbeit auf sie verwendet oder in ihr aufgearbeitet werden. Dabei sage ich nicht bloß *Arbeit*, sondern *gesellschaftliche Arbeit*. Wer einen Artikel für seinen eignen unmittelbaren Gebrauch produziert, um ihn selbst zu konsumieren, schafft zwar ein *Produkt*, aber keine *Ware*. Als selbstwirtschaftender Produzent hat er nichts mit der Gesellschaft zu tun. Aber um eine *Ware* zu produzieren, muß der von ihm produzierte Artikel nicht nur irgendein *gesellschaftliches* Bedürfnis befriedigen, sondern seine Arbeit selbst muß Bestandteil und Bruchteil der von der Gesellschaft verausgabten Gesamtarbeitssumme bilden. Seine Arbeit muß unter die *Teilung der Arbeit innerhalb der Gesellschaft* subsumiert sein. Sie ist nichts ohne die andern Teilarbeiten, und es ist erheischt, daß sie für ihr Teil diese *ergänzt*.

Wenn wir *Waren als Werte* betrachten, so betrachten wir sie ausschließlich unter dem einzigen Gesichtspunkt der in ihnen *vergegenständlichten, dargestellten* oder, wenn es beliebt, *kristallisierten gesellschaftlichen Arbeit*. In dieser Hinsicht können sie sich nur *unterscheiden* durch die in ihnen repräsentierten größeren oder kleineren Arbeitsquanta, wie z.B. in einem seidnen Schnupftuch eine größere Arbeitsmenge aufgearbeitet sein mag als in einem Ziegelstein. Wie aber mißt man *Arbeitsquanta?* Nach der *Dauer der Arbeitszeit,* indem man die Arbeit nach Stunde, Tag etc. mißt. Um dieses Maß anzuwenden, reduziert man natürlich alle Arbeitsarten auf durchschnittliche oder einfache Arbeit als ihre Einheit.

Wir kommen daher zu folgendem Schluß. Eine Ware hat *Wert,* weil sie *Kristallisation gesellschaftlicher Arbeit* ist. Die *Größe* ihres Werts oder ihr *relativer* Wert hängt ab von der größeren oder geringeren Menge dieser in ihr enthaltnen gesellschaftlichen Substanz; d.h. von der zu ihrer Produktion notwendigen relativen Arbeitsmasse. Die *relativen Werte der Waren* werden daher bestimmt durch die *respektiven in ihnen aufgearbeiteten, vergegenständlichten, dargestellten Quanta* oder *Mengen von Arbeit.* Die *korrelativen* Warenquanta, die in *derselben Arbeitszeit* produziert werden können, sind *gleich.* Oder der Wert einer Ware verhält sich zum Wert einer andern Ware wie das Quantum der in der einen Ware dargestellten Arbeit zu dem Quantum der in der andern Ware dargestellten Arbeit.

Ich habe den Verdacht, daß viele von euch fragen werden: Besteht denn in der Tat ein so großer oder überhaupt irgendein Unterschied zwischen der Bestimmung der Werte der Waren durch den *Arbeitslohn* und ihrer Bestimmung durch die *relativen Arbeitsquanta,* die zu ihrer Produktion notwendig? Ihr müßt indes gewahr geworden sein, daß das *Entgelt* für die Arbeit und das *Quantum* der Arbeit ganz verschiedenartige Dinge sind. Angenommen z.B., in einem Quarter Weizen und einer Unze Gold seien *gleiche Arbeitsquanta* dargestellt. Ich greife auf das Beispiel zurück, weil *Benjamin Franklin* es in seinem ersten Essay benutzt hat, der 1729[1] unter dem Titel *„A Modest Inquiry into the Nature and Necessity of a Paper Currency"* veröffentlicht wurde und worin er als einer der ersten der wahren Natur des Werts auf die Spur kam. Schön. Wir unterstellen nun, daß ein Quarter Weizen und eine Unze Gold *gleiche Werte* oder *Äquivalente* sind, weil sie *Kristallisa-*

[1] im Manuskript irrtümlich: 1721

tionen gleicher Mengen von Durchschnittsarbeit soundso vieler jeweils in ihnen dargestellter Arbeitstage oder -wochen sind. Nehmen wir nun dadurch, daß wir die relativen Werte von Gold und Korn bestimmen, in irgendeiner Weise Bezug auf die Arbeitslöhne des Landarbeiters und des Bergarbeiters? Nicht im geringsten. Wir lassen es ganz *unbestimmt, wie* ihre Tages- oder Wochenarbeit bezahlt, ja ob überhaupt Lohnarbeit angewandt worden ist. Geschah dies, so kann der Arbeitslohn sehr ungleich gewesen sein. Der Arbeiter, dessen Arbeit in dem Quarter Weizen vergegenständlicht ist, mag bloß 2 Bushel, der im Bergbau beschäftigte Arbeiter mag die eine Hälfte der Unze Gold erhalten haben. Oder, ihre Arbeitslöhne als gleich unterstellt, es können diese in allen erdenklichen Proportionen abweichen von den Werten der von ihnen produzierten Waren. Sie können sich auf die Hälfte, ein Drittel, ein Viertel, ein Fünftel oder jeden andern aliquoten Teil des einen Quarters Korn oder der einen Unze Gold belaufen. Ihre *Arbeitslöhne* können natürlich die Werte der von ihnen produzierten Waren nicht *überschreiten,* nicht *größer* sein, wohl aber können sie in jedem möglichen Grad *geringer* sein. Ihre *Arbeitslöhne* werden ihre *Grenze haben* an den *Werten* der Produkte, aber die *Werte ihrer Produkte* werden nicht ihre Grenze haben an ihren Arbeitslöhnen. Was indes die Hauptsache: die Werte, die relativen Werte von Korn und Gold z.B., sind ohne jede Rücksicht auf den Wert der angewandten Arbeit, d.h. den *Arbeitslohn,* festgesetzt worden. Die Bestimmung der Werte der Waren durch die *in ihnen dargestellten relativen Arbeitsquanta* ist daher etwas durchaus Verschiedenes von der tautologischen Manier, die Werte der Waren durch den Wert der Arbeit oder den *Arbeitslohn* zu bestimmen. Dieser Punkt wird indes im Fortgang unserer Untersuchung noch näher beleuchtet werden.

Bei Berechnung des Tauschwerts einer Ware müssen wir zu dem Quantum der *zuletzt* auf sie angewandten Arbeit noch das *früher* in dem Rohstoff der Ware aufgearbeitete Arbeitsquantum hinzufügen, ferner die Arbeit, die auf Geräte, Werkzeuge, Maschinerie und Baulichkeiten verwendet worden, die bei dieser Arbeit mitwirken. Zum Beispiel ist der Wert einer bestimmten Menge Baumwollgarn die Kristallisation des Arbeitsquantums, das der Baumwolle während des Spinnprozesses zugesetzt worden, des Arbeitsquantums, das früher in der Baumwolle selbst vergegenständlicht worden, des Arbeitsquantums, vergegenständlicht in Kohle, Öl und andern verbrauchten Hilfsstoffen, des Arbeitsquantums, dargestellt in der Dampfmaschine, den Spindeln, den Fabrikgebäuden usw. Die Produktionsinstrumente im eigentlichen Sinn, wie Werkzeuge, Maschinerie, Baulichkeiten, dienen für eine längere oder kürzere Periode immer aufs neue während wiederholter Produktionsprozesse. Würden sie auf einmal verbraucht wie der Rohstoff, so würde ihr ganzer Wert auf einmal auf die Waren übertragen, bei deren Produktion sie mitwirken. Da aber eine Spindel z.B. nur nach und nach verbraucht wird, so wird auf Grund der Durchschnittszeit, die sie dauert, und ihrer allmählichen Abnutzung oder ihres durchschnittlichen Verschleißes während einer bestimmten Periode, sage eines Tages, eine Durchschnittsberechnung angestellt. Auf diese Weise berechnen wir, wieviel vom Wert der Spindel auf das täglich gesponnene Garn übertragen wird und wieviel daher von der Gesamtmenge der z.B. in einem Pfund Garn vergegenständlichten Arbeit auf die früher in der Spindel vergegenständlichte Arbeit kommt. Für unsern gegenwärtigen Zweck ist es nicht notwendig, länger bei diesem Punkt zu verweilen.

Es könnte scheinen, daß, wenn der Wert einer Ware bestimmt ist durch das *auf ihre Produktion verwendete Arbeitsquantum,* je fauler oder ungeschickter ein Mann, desto wertvoller seine Ware, weil die Zeit desto größer, die zur Verfertigung der Ware erheischt. Dies wäre jedoch ein bedauerlicher Irrtum. Ihr werdet euch erinnern, daß ich das Wort „*gesellschaftliche* Arbeit" gebrauchte, und diese Qualifizierung „*gesellschaftlich*" schließt viele Momente in sich. Sagen wir, der Wert einer Ware werde bestimmt durch das in ihr aufgearbeitete oder kristallisierte *Arbeitsquantum,* so meinen wir *das Arbeitsquantum, notwendig* zu ihrer Produktion in einem gegebnen Gesellschaftszustand, unter bestimmten gesellschaftlichen Durchschnittsbedingungen der Produktion, mit einer gegebnen gesellschaftlichen Durchschnittsintensität und Durchschnittsgeschicklichkeit der angewandten Arbeit. Als in England der Dampfwebstuhl mit dem Handwebstuhl zu konkurrieren begann, ward nur halb soviel Arbeitszeit erforderlich wie früher, um eine gegebne Menge Garn in eine Elle Baumwollgewebe oder Tuch zu verwandeln. Der arme Handweber arbeitete jetzt 17 oder 18 Stunden täglich statt 9 oder 10 Stunden früher. Aber das Produkt seiner zwanzigstündigen Arbeit repräsentierte jetzt nur noch 10 Stunden gesellschaftliche Arbeit oder 10 Stunden Arbeit, gesellschaftlich notwendig, um eine bestimmte Menge Garn in Textilstoffe zu verwandeln. Das Produkt seiner 20 Stunden hatte daher nicht mehr Wert als das Produkt seiner frühern 10 Stunden.

Wenn nun das Quantum der in den Waren vergegenständlichten gesellschaftlich notwendigen Arbeit ihre Tauschwerte reguliert, so muß jede Zunahme des zur Produktion einer Ware erforderlichen Arbeitsquantums ebenso ihren Wert vergrößern, wie jede Abnahme ihn vermindern muß.

Blieben die zur Produktion der respektiven Waren notwendigen respektiven Arbeitsquanta konstant, so wären ihre relativen Werte ebenfalls konstant. Dies ist jedoch nicht der Fall. Das zur Produktion einer Ware notwendige Arbeitsquantum wechselt ständig mit dem Wechsel in der Produktivkraft der angewandten Arbeit. Je größer die Produktivkraft der Arbeit, desto mehr Produkt wird in gegebner Arbeitszeit verfertigt, und je geringer die Produktivkraft der Arbeit, desto weniger. Ergibt sich z.B. durch das Wachstum der Bevölkerung die Notwendigkeit, minder fruchtbaren Boden in Bebauung zu nehmen, so könnte dieselbe Menge Produkt nur erzielt werden, wenn eine größere Menge Arbeit verausgabt würde, und der Wert des landwirtschaftlichen Produkts würde folglich steigen. Andrerseits, wenn ein einzelner Spinner mit modernen Produktionsmitteln in einem Arbeitstag eine vieltausendmal größere Menge Baumwolle in Garn verwandelt, als er in derselben Zeit mit dem Spinnrad hätte verspinnen können, so ist es klar, daß jedes einzelne Pfund Baumwolle vieltausendmal weniger Spinnarbeit aufsaugen wird als vorher und folglich der durch das Spinnen jedem einzelnen Pfund Baumwolle zugesetzte Wert tausendmal kleiner sein wird als vorher. Der Wert des Garns wird entsprechend sinken.

Abgesehn von den Unterschieden in den natürlichen Energien und den erworbnen Arbeitsgeschicken verschiedner Völker muß die Produktivkraft der Arbeit in der Hauptsache abhängen:

1. von den *Natur*bedingungen der Arbeit, wie Fruchtbarkeit des Bodens, Ergiebigkeit der Minen usw.

2. von der fortschreitenden Vervollkommnung der *gesellschaftlichen Kräfte der Arbeit,* wie sie sich herleiten aus Produktion auf großer Stufenleiter, Konzentration des Kapitals und Kombination der Arbeit, Teilung der Arbeit, Maschinerie, verbesserten Methoden, Anwendung chemischer und andrer natürlicher Kräfte, Zusammendrängung von Zeit und Raum durch Kommunikations- und Transportmittel und aus jeder andern Einrichtung, wodurch die Wissenschaft Naturkräfte in den Dienst der Arbeit zwingt und wodurch der gesellschaftliche oder kooperierte Charakter der Arbeit zur Entwicklung gelangt. Je größer die Produktivkraft der Arbeit, desto kleiner die auf eine gegebne Menge Produkt verwendete Arbeit; desto kleiner also der Wert des Produkts. Je geringer die Produktivkraft der Arbeit, desto größer die auf dieselbe Menge Produkt verwendete Arbeit; desto größer also sein Wert. Als allgemeines Gesetz können wir daher aufstellen:

Die Werte der Waren sind direkt proportional den auf ihre

Produktion angewandten Arbeitszeiten und umgekehrt proportional der Produktivkraft der angewandten Arbeit.

Nachdem ich bis jetzt nur vom *Wert* gesprochen, werde ich noch einige Worte hinzufügen über den *Preis,* der eine eigentümliche Form ist, die der Wert annimmt.

Preis ist an sich nichts als der *Geldausdruck des Werts.* Hierzulande z. B. werden die Werte aller Waren in Goldpreisen, auf dem Kontinent dagegen hauptsächlich in Silberpreisen ausgedrückt. Der Wert von Gold oder Silber wie der aller andern Waren wird reguliert von dem zu ihrer Erlangung notwendigen Arbeitsquantum. Eine bestimmte Menge eurer einheimischen Produkte, worin ein bestimmter Betrag eurer nationalen Arbeit kristallisiert ist, tauscht ihr aus gegen das Produkt der Gold und Silber produzierenden Länder, in welchem ein bestimmtes Quantum *ihrer* Arbeit kristallisiert ist. Es ist in dieser Weise, faktisch durch Tauschhandel, daß ihr lernt, die Werte aller Waren, d. h. die respektiven auf sie verwendeten Arbeitsquanta, in Gold und Silber auszudrücken. *Den Geldausdruck des Werts* etwas näher betrachtet, oder, was dasselbe, *die Verwandlung des Werts in Preis,* werdet ihr finden, daß dies ein Verfahren ist, wodurch ihr den *Werten* aller Waren eine *unabhängige* und *homogene Form* verleiht oder sie als *Quanta gleicher* gesellschaftlicher Arbeit ausdrückt. Soweit der Preis nichts ist als der Geldausdruck des Werts, hat ihn Adam Smith den *„natürlichen Preis“*, haben ihn die französischen Physiokraten den *„prix nécessaire“*[1] genannt.

Welche Beziehung besteht nun zwischen *Werten* und *Marktpreisen* oder zwischen *natürlichen Preisen* und *Marktpreisen?* Ihr alle wißt, daß der *Marktpreis* für alle Waren derselben Art *derselbe* ist, wie verschieden immer die Bedingungen der Produktion für die einzelnen Produzenten sein mögen. Die Marktpreise drücken nur die unter den Durchschnittsbedingungen

---

[1] *„notwendigen Preis“*

der Produktion für die Versorgung des Markts mit einer bestimmten Masse eines bestimmten Artikels notwendige *Durchschnittsmenge gesellschaftlicher Arbeit* aus. Er wird aus der Gesamtheit aller Waren einer bestimmten Gattung errechnet.

Soweit fällt der *Marktpreis* einer Ware mit ihrem *Wert* zusammen. Andrerseits hängen die Schwankungen der Marktpreise bald über, bald unter den Wert oder natürlichen Preis ab von den Fluktuationen des Angebots und der Nachfrage. Abweichungen der Marktpreise von den Werten erfolgen also ständig, aber, sagt *Adam Smith:*

„Der natürliche Preis ist also gewissermaßen das Zentrum, zu dem die Preise aller Waren beständig gravitieren. Verschiedene Zufälle können sie mitunter hoch darüber erheben und manchmal darunter herabdrücken. Welches aber immer die Umstände sein mögen, die sie hindern, in diesem Zentrum der Ruhe und Beharrung zum Stillstand zu kommen, sie streben ihm beständig zu.“ [37]

Ich kann jetzt nicht näher auf diesen Punkt eingehn. Es genügt zu sagen, daß, *wenn* Angebot und Nachfrage einander die Waage halten, die Marktpreise der Waren ihren natürlichen Preisen entsprechen werden, d. h. ihren durch die respektiven zu ihrer Produktion erheischten Arbeitsquanta bestimmten Werten. Aber Angebot und Nachfrage *müssen* einander ständig auszugleichen streben, obgleich dies nur dadurch geschieht, daß eine Fluktuation durch eine andre, eine Zunahme durch eine Abnahme aufgehoben wird und umgekehrt. Wenn ihr, statt nur die täglichen Fluktuationen zu betrachten, die Bewegung der Marktpreise für längere Perioden analysiert, wie dies z. B. Tooke in seiner „*History of Prices*“ getan, so werdet ihr finden, daß die Fluktuationen der Marktpreise, ihre Abweichungen von den Werten, ihre Auf- und Abbewegungen einander ausgleichen und aufheben, so daß, abgesehn von der Wirkung von Monopolen und einigen andern Modifikationen, die ich hier übergehn muß, alle Gattungen von Waren im Durchschnitt zu ihren respektiven *Werten* oder natürlichen Preisen verkauft werden. Die Durchschnittsperioden, während welcher die Fluktuationen der Marktpreise einander aufheben, sind für verschiedne Warensorten verschieden, weil es mit der einen Sorte leichter gelingt als mit der andern, das Angebot der Nachfrage anzupassen.

Wenn nun, allgemeiner gesprochen und mit Einschluß etwas längerer Perioden, alle Gattungen von Waren zu ihren respektiven Werten verkauft werden, so ist es Unsinn zu unterstellen, daß die ständigen und in verschiednen Geschäftszweigen üblichen Profite – nicht etwa der Profit in einzelnen Fällen – aus einem Aufschlag auf die Preise der Waren entspringen oder daraus, daß sie zu einem Preis weit über ihrem *Wert* verkauft werden. Die Absurdität dieser Vorstellung springt in die Augen, sobald sie verallgemeinert wird. Was einer als Verkäufer ständig gewönne, würde er als Käufer ebenso ständig verlieren. Es würde zu nichts führen, wollte man sagen, daß es Menschen gibt, die Käufer sind, ohne Verkäufer zu sein, oder Konsumenten, ohne Produzenten zu sein. Was diese Leute den Produzenten zahlen, müssen sie zunächst umsonst von ihnen erhalten. Wenn einer erst euer Geld nimmt und es dann dadurch zurückgibt, daß er eure Waren kauft, so werdet ihr euch nie dadurch bereichern, daß ihr eure Waren diesem selben Mann zu teuer verkauft. Ein derartiger Umsatz könnte einen Verlust verringern, würde aber niemals dazu verhelfen, einen Gewinn zu realisieren.

Um daher die *allgemeine Natur des Profits* zu erklären, müßt ihr von dem Grundsatz ausgehn, daß im Durchschnitt Waren *zu ihren wirklichen Werten verkauft* werden und daß *Profite sich herleiten aus dem Verkauf der Waren zu ihren Werten*, d. h. im Verhältnis zu dem in ihnen vergegenständlichten Arbeitsquantum. Könnt ihr den Profit nicht unter dieser Voraussetzung erklären, so könnt ihr ihn überhaupt nicht erklären. Dies scheint paradox und der alltäglichen Beobachtung widersprechend. Es ist ebenso paradox, daß die Erde um die Sonne kreist und daß Wasser aus zwei äußerst leicht entflammenden Gasen besteht. Wissenschaftliche Wahrheit ist immer paradox vom Standpunkt der alltäglichen Erfahrung, die nur den täuschenden Schein der Dinge wahrnimmt.

7. Die Arbeitskraft

Nachdem wir nun, soweit es in so flüchtiger Weise möglich war, die Natur des *Werts,* des *Werts jeder beliebigen Ware* analysiert haben, müssen wir unsre Aufmerksamkeit dem spezifischen *Wert der Arbeit* zuwenden. Und hier muß ich euch wieder mit einem scheinbaren Paradoxon überraschen. Ihr alle seid fest überzeugt, daß, was ihr täglich verkauft, eure Arbeit sei; daß daher die Arbeit einen Preis habe und daß, da der Preis einer Ware bloß der Geldausdruck ihres Werts, es sicherlich so etwas wie den *Wert der Arbeit* geben müsse. Indes existiert nichts von der Art, was im gewöhnlichen Sinn das Wortes *Wert der Arbeit* genannt wird. Wir haben gesehn, daß die in einer Ware kristallisierte Menge notwendiger Arbeit ihren Wert konstituiert. Wie können wir nun, indem wir diesen Wertbegriff anwenden, sage den Wert eines zehnstündigen Arbeitstags bestimmen? Wieviel Arbeit enthält dieser Arbeitstag? Zehnstündige Arbeit. Vom Wert eines zehnstündigen Arbeitstags auszusagen, daß er zehnstündiger Arbeit oder dem darin enthaltnen Arbeitsquantum gleich sei, wäre ein tautologischer und überdies unsinniger Ausdruck. Nachdem wir einmal den richtigen, aber versteckten Sinn des Ausdrucks *„Wert der Arbeit"* gefunden, werden wir natürlich imstande sein, diese irrationale und anscheinend unmögliche Anwendung des Begriffs Wert richtig zu deuten, ebenso wie wir imstande sein werden, die scheinbare oder bloß phänomenale Bewegung der Himmelskörper zu erkennen, nachdem wir einmal ihre wirkliche Bewegung erkannt.

Was der Arbeiter verkauft, ist nicht direkt seine *Arbeit,* sondern seine *Arbeitskraft,* über die er dem Kapitalisten vorübergehend die Verfügung überläßt. Dies ist so sehr der Fall, daß – ich weiß nicht, ob durch englisches Gesetz, jedenfalls aber durch einige Gesetze auf dem Kontinent – die *maximale Zeitdauer,* wofür ein Mann seine Arbeitskraft verkaufen darf, festgestellt ist. Wäre es ihm erlaubt, das für jeden beliebigen Zeitraum zu tun, so wäre ohne weiteres die Sklaverei wiederhergestellt. Wenn solch ein Verkauf sich z.B. auf seine ganze Lebensdauer erstreckte, so würde er dadurch auf einen Schlag zum lebenslänglichen Sklaven seines Lohnherrn gemacht.

Einer der ältesten Ökonomen und originellsten Philosophen Englands – *Thomas Hobbes* – hat in seinem „*Leviathan*" schon vorahnend auf diesen von allen seinen Nachfolgern übersehenen Punkt hingewiesen. Er sagt:

„*Der Wert*[1] *eines Menschen* ist wie der aller anderen Dinge sein *Preis:* das heißt soviel, als für die *Benutzung seiner Kraft* gegeben würde."

Von dieser Basis ausgehend, werden wir imstande sein, den *Wert der Arbeit* wie den aller andern Waren zu bestimmen.

Bevor wir jedoch dies tun, könnten wir fragen, woher die sonderbare Erscheinung kommt, daß wir auf dem Markt eine Gruppe Käufer finden, die Besitzer von Boden, Maschinerie, Rohstoff und Lebensmitteln sind, die alle, abgesehn von Boden in seinem rohen Zustand, *Produkte der Arbeit* sind, und auf der andern Seite eine Gruppe Verkäufer, die nichts zu verkaufen haben außer ihre Arbeitskraft, ihre werktätigen Arme und Hirne. Daß die eine Gruppe ständig kauft, um Profit zu machen und sich zu bereichern, während die andre ständig verkauft, um ihren Lebensunterhalt zu verdienen? Die Untersuchung dieser Frage wäre eine Untersuchung über das, was die Ökonomen „*Vorgängige oder ursprüngliche Akkumulation*" nennen, was aber *ursprüngliche Expropriation* genannt werden sollte. Wir würden finden, daß diese sogenannte *ursprüngliche Akkumulation* nichts andres bedeutet als eine Reihe historischer Prozes-

---

[1] Im Manuskript: *value or worth*

se, die in einer *Auflösung* der *ursprünglichen Einheit* zwischen dem Arbeitenden und seinen Arbeitsmitteln resultieren. Solch eine Untersuchung fällt jedoch außerhalb des Rahmens meines jetzigen Themas. Sobald einmal die *Trennung* zwischen dem Mann der Arbeit und den Mitteln der Arbeit vollzogen, wird sich dieser Zustand erhalten und auf ständig wachsender Stufenleiter reproduzieren, bis eine neue und gründliche Umwälzung der Produktionsweise ihn wieder umstürzt und die ursprüngliche Einheit in neuer historischer Form wiederherstellt.

Was ist nun also der *Wert der Arbeitskraft?*

Wie der jeder andern Ware ist der Wert bestimmt durch das zu ihrer Produktion notwendige Arbeitsquantum. Die Arbeitskraft eines Menschen existiert nur in seiner lebendigen Leiblichkeit. Eine gewisse Menge Lebensmittel muß ein Mensch konsumieren, um aufzuwachsen und sich am Leben zu erhalten. Der Mensch unterliegt jedoch, wie die Maschine, der Abnutzung und muß durch einen andern Menschen ersetzt werden. Außer der zu *seiner eignen* Erhaltung erheischten Lebensmittel bedarf er einer andern Lebensmittelmenge, um eine gewisse Zahl Kinder aufzuziehn, die ihn auf dem Arbeitsmarkt zu ersetzen und das Geschlecht der Arbeiter zu verewigen haben. Mehr noch, um seine Arbeitskraft zu entwickeln und ein gegebnes Geschick zu erwerben, muß eine weitere Menge von Werten verausgabt werden. Für unsern Zweck genügt es, nur *Durchschnitts*arbeit in Betracht zu ziehn, deren Erziehungs- und Ausbildungskosten verschwindend geringe Größen sind. Dennoch muß ich diese Gelegenheit zu der Feststellung benutzen, daß, genauso wie die Produktionskosten für Arbeitskräfte verschiedner Qualität nun einmal verschieden sind, auch die Werte der in verschiednen Geschäftszweigen beschäftigten Arbeitskräfte verschieden sein müssen. Der Ruf nach *Gleichheit der Löhne* beruht daher auf einem Irrtum, ist ein unerfüllbarer *törichter* Wunsch. Er ist die Frucht jenes falschen und platten Radikalismus, der die Voraussetzungen annimmt, die Schlußfolgerungen aber umgehn möchte. Auf Basis des Lohnsystems wird der Wert der Arbeitskraft in derselben Weise festgesetzt wie der jeder andern Ware; und da verschiedne Arten Arbeitskraft verschiedne Werte haben oder verschiedne Arbeitsquanta zu ihrer Produktion erheischen, so *müssen* sie auf dem Arbeitsmarkt verschiedne Preise erzielen. Nach *gleicher oder gar gerechter Entlohnung* auf Basis des Lohnsystems rufen, ist dasselbe, wie auf Basis des Systems der Sklaverei nach *Freiheit* zu rufen. Was ihr für recht oder gerecht erachtet, steht nicht in Frage. Die Frage ist: Was ist bei einem gegebnen Produktionssystem notwendig und unvermeidlich?

Nach dem Dargelegten dürfte es klar sein, daß der *Wert der Arbeitskraft* bestimmt ist durch den *Wert der Lebensmittel,* die zur Produktion, Entwicklung, Erhaltung und Verewigung der Arbeitskraft erheischt sind.

8. Die Produktion des Mehrwerts

Unterstellt nun, daß die Produktion der Durchschnittsmenge täglicher Lebensmittel für einen Arbeitenden *6 Stunden Durchschnittsarbeit* erheischt. Unterstellt überdies auch, 6 Stunden Durchschnittsarbeit seien in einem Goldquantum gleich 3 sh. vergegenständlicht. Dann wären 3 sh. der *Preis* oder Geldausdruck des *Tageswerts* der *Arbeitskraft* jenes Mannes. Arbeitete er täglich 6 Stunden, so würde er täglich einen Wert produzieren, der ausreicht, um die Durchschnittsmenge seiner täglichen Lebensmittel zu kaufen oder sich selbst als Arbeitenden am Leben zu erhalten.

Aber unser Mann ist ein Lohnarbeiter. Er muß daher seine Arbeitskraft einem Kapitalisten verkaufen. Verkauft er sie zu 3 sh. per Tag oder 18 sh. die Woche, so verkauft er sie zu ihrem Wert. Unterstellt, er sei ein Spinner. Wenn er 6 Stunden täglich arbeitet, wird er der Baumwolle einen Wert von 3 sh. täglich zusetzen. Dieser von ihm täglich zugesetzte Wert wäre exakt ein Äquivalent für den Arbeitslohn oder Preis seiner Arbeitskraft, den er täglich empfängt. Aber in diesem Fall käme dem Kapitalisten *keinerlei Mehrwert* oder *Mehrprodukt* zu. Hier kommen wir also an den springenden Punkt.

Durch Kauf der Arbeitskraft des Arbeiters und Bezahlung ihres Werts hat der Kapitalist, wie jeder andre Käufer, das Recht erworben, die gekaufte Ware zu konsumieren oder zu nutzen. Man konsumiert oder nutzt die Arbeitskraft eines Mannes, indem man ihn arbeiten läßt, wie man eine Maschine konsumiert oder nutzt, indem man sie laufen läßt. Durch Bezahlung des Tages- oder Wochenwerts der Arbeitskraft des Arbeiters hat der Kapitalist daher das Recht erworben, diese Arbeitskraft während *des ganzen Tags oder der ganzen Woche* zu nutzen oder arbeiten zu lassen. Der Arbeitstag oder die Arbeitswoche hat natürlich bestimmte Grenzen, die wir aber erst später betrachten werden.

Für den Augenblick möchte ich eure Aufmerksamkeit auf einen entscheidenden Punkt lenken.

Der *Wert* der Arbeitskraft ist bestimmt durch das zu ihrer Erhaltung oder Reproduktion notwendige Arbeitsquantum, aber die *Nutzung* dieser Arbeitskraft ist nur begrenzt durch die aktiven Energien und die Körperkraft des Arbeiters. Der Tages- oder Wochen*wert* der Arbeitskraft ist durchaus verschieden von der täglichen oder wöchentlichen *Betätigung* dieser Kraft, genauso wie das Futter, dessen ein Pferd bedarf, durchaus verschieden ist von der Zeit, die es den Reiter tragen kann. Das Arbeitsquantum, wodurch der *Wert* der Arbeitskraft des Arbeiters begrenzt ist, bildet keineswegs eine Grenze für das Arbeitsquantum, das seine Arbeitskraft zu verrichten vermag. Nehmen wir das Beispiel unsres Spinners. Wir haben gesehn, daß er, um seine Arbeitskraft täglich zu reproduzieren, täglich einen Wert von 3 sh. reproduzieren muß, was er dadurch tut, daß er täglich 6 Stunden arbeitet. Dies hindert ihn jedoch nicht,

10 oder 12 oder mehr Stunden am Tag arbeiten zu können. Durch die Bezahlung des Tages- oder Wochen*werts* der Arbeitskraft des Spinners hat nun aber der Kapitalist das Recht erworben, diese Arbeitskraft während *des ganzen Tags oder der ganzen Woche* zu nutzen. Er wird ihn daher zwingen, sage 12 Stunden täglich zu arbeiten. *Über* die zum Ersatz seines Arbeitslohns oder des Werts seiner Arbeitskraft erheischten 6 Stunden *hinaus* wird er daher noch *6 Stunden* zu arbeiten haben, die ich Stunden der *Mehrarbeit* nennen will, welche Mehrarbeit sich vergegenständlichen wird in einem *Mehrwert* und einem *Mehrprodukt.* Wenn unser Spinner z. B. durch seine täglich sechsstündige Arbeit der Baumwolle einen Wert von 3 sh. zusetzt, einen Wert, der exakt ein Äquivalent für seinen Arbeitslohn bildet, so wird er der Baumwolle in 12 Stunden einen Wert von 6 sh. zusetzen und *ein entsprechendes Mehr an Garn* produzieren. Da er seine Arbeitskraft dem Kapitalisten verkauft hat, so gehört der ganze von ihm geschaffne Wert oder sein ganzes Produkt dem Kapitalisten, dem zeitweiligen Eigentümer seiner Arbeitskraft. Indem der Kapitalist 3 sh. vorschießt, realisiert er also einen Wert von 6 sh., weil ihm für den von ihm vorgeschossenen Wert, worin 6 Arbeitsstunden kristallisiert sind, ein Wert zurückerstattet wird, worin 12 Arbeitsstunden kristallisiert sind. Durch tägliche Wiederholung desselben Prozesses wird der Kapitalist täglich 3 sh. vorschießen und täglich 6 sh. einstecken, wovon eine Hälfte wieder auf Zahlung des Arbeitslohns geht und die andre Hälfte den *Mehrwert* bildet, für den der Kapitalist kein Äquivalent zahlt. Es ist *diese Art Austausch zwischen Kapital und Arbeit,* worauf die kapitalistische Produktionsweise oder das Lohnsystem beruht und die ständig in der Reproduktion des Arbeiters als Arbeiter und des Kapitalisten als Kapitalist resultieren muß.

Die Rate des Mehrwerts wird, wenn alle andern Umstände gleichbleiben, abhängen von der Proportion zwischen dem zur

Reproduktion des Werts der Arbeitskraft notwendigen Teil des Arbeitstags und der für den Kapitalisten verrichteten *Mehrarbeitszeit* oder *Mehrarbeit*. Sie wird daher abhängen von dem *Verhältnis, worin der Arbeitstag über die Zeitspanne hinaus verlängert ist,* in der der Arbeiter durch seine Arbeit nur den Wert seiner Arbeitskraft reproduzieren oder seinen Arbeitslohn ersetzen würde.

9. Der Wert der Arbeit

Wir müssen nun zurückkommen auf den Ausdruck „*Wert oder Preis der Arbeit*".

Wir haben gesehn, daß er in der Tat nichts ist als die Bezeichnung für den Wert der Arbeitskraft, gemessen an den zu ihrer Erhaltung notwendigen Warenwerten. Da der Arbeiter aber seinen Arbeitslohn erst *nach* Verrichtung der Arbeit erhält und außerdem weiß, daß, was er dem Kapitalisten tatsächlich gibt, seine Arbeit ist, so erscheint ihm der Wert oder Preis seiner Arbeitskraft notwendigerweise als *Preis* oder *Wert seiner Arbeit selbst*. Ist der Preis seiner Arbeitskraft gleich 3 sh., worin 6 Arbeitsstunden vergegenständlicht, und arbeitet er 12 Stunden, so betrachtet er diese 3 sh. notwendigerweise als den Wert oder Preis von 12 Arbeitsstunden, obgleich diese 12 Arbeitsstunden sich in einem Wert von 6 sh. vergegenständlichen. Hieraus folgt zweierlei:

Erstens. Der Wert oder Preis der Arbeitskraft nimmt das Aussehn des *Preises oder Werts der Arbeit selbst* an, obgleich, genau gesprochen, Wert und Preis der Arbeit sinnlose Bezeichnungen sind.

Zweitens. Obgleich nur ein Teil des Tagewerks des Arbeiters aus *bezahlter*, der andre dagegen aus *unbezahlter* Arbeit besteht und gerade diese unbezahlte oder Mehrarbeit den Fonds konstituiert, woraus der *Mehrwert* oder *Profit* sich bildet, hat es den Anschein, als ob die ganze Arbeit aus bezahlter Arbeit bestünde.

Dieser täuschende Schein ist das unterscheidende Merkmal der *Lohnarbeit* gegenüber andern *historischen* Formen der Arbeit. Auf Basis des Lohnsystems erscheint auch die *unbezahlte* Arbeit als *bezahlt*. Beim *Sklaven* umgekehrt erscheint auch der bezahlte Teil seiner Arbeit als unbezahlt. Natürlich muß der Sklave, um zu arbeiten, leben, und ein Teil seines Arbeitstags geht drauf auf Ersatz des zu seiner eignen Erhaltung verbrauchten Werts. Da aber zwischen ihm und seinem Herrn kein Handel abgeschlossen wird und zwischen beiden Parteien keine Verkaufs- und Kaufakte vor sich gehn, so erscheint alle seine Arbeit als Gratisarbeit.

Nehmt andrerseits den Fronbauern, wie er noch gestern, möchte ich sagen, im ganzen Osten Europas existierte. Dieser Bauer arbeitete z.B. 3 Tage für sich auf seinem eignen oder dem ihm zugewiesnen Felde, und die drei folgenden Tage verrichtete er zwangsweise Gratisarbeit auf dem herrschaftlichen Gut. Hier waren also der bezahlte und der unbezahlte Teil der Arbeit sichtbar getrennt, zeitlich und räumlich getrennt; und unsre Liberalen schäumten über vor moralischer Entrüstung angesichts der widersinnigen Idee, einen Menschen umsonst arbeiten zu lassen.

Faktisch jedoch bleibt es sich gleich, ob einer 3 Tage in der Woche für sich auf seinem eignen Felde und 3 Tage umsonst auf dem herrschaftlichen Gut, oder ob er 6 Stunden täglich in der Fabrik oder Werkstatt für sich und 6 Stunden für den Lohnherrn arbeitet, obgleich in letzterem Fall der bezahlte und der unbezahlte Teil seiner Arbeit unentwirrbar miteinander vermengt sind, so daß die Natur der ganzen Transaktion durch die *Dazwischenkunft eines Kontrakts* und die am Ende der Woche erfolgende *Zahlung* völlig verschleiert wird. Die Gratisarbeit erscheint in dem einen Fall als freiwillige Gabe und in dem andern als Frondienst. Das ist der ganze Unterschied.

Wo ich also das Wort „*Wert* der *Arbeit*“ gebrauche, werde ich es nur als landläufigen Vulgärausdruck für „*Wert der Arbeitskraft*“ gebrauchen.

10. Profit wird gemacht durch Verkauf einer Ware zu ihrem Wert

Unterstellt, eine Durchschnittsarbeitsstunde sei vergegenständlicht in einem Wert gleich 6 d. oder 12 Durchschnittsarbeitsstunden in 6 sh. Unterstellt ferner, der Wert der Arbeit sei 3 sh. oder das Produkt sechsstündiger Arbeit. Wenn nun in Rohstoff, Maschinerie usw., die bei der Produktion einer Ware aufgebraucht wurden, 24 Durchschnittsarbeitsstunden vergegenständlicht wären, so würde sich ihr Wert auf 12 sh. belaufen. Setze darüber hinaus der vom Kapitalisten beschäftigte Arbeiter diesen Produktionsmitteln 12 Arbeitsstunden zu, so wären diese 12 Stunden vergegenständlicht in einem zusätzlichen Wert von 6 sh. Der *Gesamtwert des Produkts* beliefe sich daher auf 36 Stunden vergegenständlichter Arbeit und wäre gleich 18 sh. Da aber der Wert der Arbeit oder der dem Arbeiter bezahlte Arbeitslohn nur 3 sh. betrüge, so würde der Kapitalist für die von dem Arbeiter geleisteten, in dem Wert der Ware vergegenständlichten 6 Stunden Mehrarbeit kein Äquivalent gezahlt haben. Verkaufte der Kapitalist diese Ware zu ihrem Wert von 18 sh., so würde er daher einen Wert von 3 sh. realisieren, für den er kein Äquivalent gezahlt hat. Diese 3 sh. würden den Mehrwert oder Profit konstituieren, den er einsteckt. Der Kapitalist würde folglich den Profit von 3 sh. nicht dadurch realisieren, daß er die Ware zu einem Preis *über* ihrem Wert, sondern dadurch, daß er sie *zu ihrem wirklichen Wert* verkauft.

Der Wert einer Ware ist bestimmt durch das in ihr enthaltne *Gesamtarbeitsquantum*. Aber ein Teil dieses Arbeitsquantums ist in einem Wert vergegenständlicht, wofür in Form des Arbeitslohns ein Äquivalent bezahlt, ein Teil jedoch in einem Wert, wofür *kein* Äquivalent bezahlt worden ist. Ein Teil der in der Ware enthaltnen Arbeit ist *bezahlte* Arbeit; ein Teil ist *unbezahlte* Arbeit. Verkauft daher der Kapitalist die Ware *zu ihrem Wert,* d.h. als Kristallisation des auf sie verwendeten *Gesamtarbeitsquantums,* so muß er sie notwendigerweise mit Profit verkaufen. Er verkauft nicht nur, was ihm ein Äquivalent gekostet, er verkauft vielmehr auch, was ihm nichts gekostet, obgleich es die Arbeit seines Arbeiters gekostet hat. Die Kosten der Ware für den Kapitalisten und ihre wirklichen Kosten sind zweierlei Dinge. Ich wiederhole daher, daß normale und durchschnittliche Profite gemacht werden durch Verkauf der Waren nicht *über,* sondern *zu ihren wirklichen Werten.*

11. Die verschiednen Teile, in die der Mehrwert zerfällt

Den *Mehrwert* oder den Teil des Gesamtwerts der Ware, worin die *Mehrarbeit* oder *unbezahlte Arbeit* des Arbeiters vergegenständlicht ist, nenne ich *Profit.* Es ist nicht die Gesamtsumme dieses Profits, die der industrielle Kapitalist einsteckt. Das Bodenmonopol setzt den Grundeigentümer in den Stand, einen Teil dieses *Mehrwerts* unter dem Namen *Rente* an sich zu ziehn, sei es, daß der Boden für Agrikultur oder Baulichkeiten oder Eisenbahnen, sei es, daß er für irgendeinen andern produktiven Zweck benutzt wird. Andrerseits, gerade die Tatsache, daß der Besitz der *Arbeitsmittel* den industriellen Kapitalisten befähigt, einen *Mehrwert* zu produzieren, oder, was auf dasselbe hinausläuft, *sich eine bestimmte Menge unbezahlter Arbeit anzueignen,* befähigt den Eigentümer der Arbeitsmittel, die er ganz oder teilweise dem industriellen Kapitalisten leiht – befähigt, in einem Wort, den *geldverleihenden Kapitalisten,* einen andern Teil dieses Mehrwerts unter dem Namen *Zins* für sich in Anspruch zu nehmen, so daß dem industriellen Kapitalisten *als solchem* nur verbleibt, was man *industriellen* oder *kommerziellen Profit* nennt.

Welche Gesetze diese Teilung der Gesamtmenge des Mehrwerts unter die drei Menschenkategorien regulieren, ist eine Frage, die unserm Gegenstand gänzlich fernliegt. Soviel resultiert indes aus dem bisher Entwickelten.

Rente, Zins und industrieller Profit sind bloß *verschiedne Namen für verschiedne Teile des Mehrwerts* der Ware oder der *in ihr vergegenständlichten unbezahlten Arbeit* und *leiten sich in gleicher Weise aus dieser Quelle und nur aus ihr her.* Sie leiten sich nicht aus dem *Boden* als solchem her oder aus dem *Kapital* als solchem, sondern Boden und Kapital setzen ihre Eigentümer in den Stand, ihre respektiven Anteile an dem von dem industriellen Kapitalisten aus seinem Arbeiter herausgepreßten Mehrwert zu erlangen. Für den Arbeiter selbst ist es eine Angelegenheit von untergeordneter Bedeutung, ob jener Mehrwert, der das Resultat seiner Mehrarbeit oder unbezahlten Arbeit ist, ganz von dem industriellen Kapitalisten eingesteckt wird oder ob letzterer Teile davon unter den Namen Rente und Zins an dritte Personen weiterzuzahlen hat. Unterstellt, daß der industrielle Kapitalist nur sein eignes Kapital anwendet und sein eigner Grundeigentümer ist. In diesem Fall wanderte der ganze Mehrwert in seine Tasche.

Es ist der industrielle Kapitalist, der unmittelbar Mehrwert aus dem Arbeiter herauspreßt, welchen Teil auch immer er schließlich zu behalten imstande ist. Um dies Verhältnis zwischen industriellem Kapitalisten und Lohnarbeiter dreht sich daher das ganze Lohnsystem und das ganze gegenwärtige Produktionssystem. Einige Bürger, die an unsrer Debatte teilnahmen, taten daher unrecht, als sie versuchten, die Dinge zu beschönigen und dies grundlegende Verhältnis zwischen industriellem Kapitalisten und Arbeiter als eine zweitrangige Frage zu behandeln, obgleich sie recht hatten mit der Feststellung, daß unter gegebnen Umständen ein Steigen der Preise in sehr ungleichen Graden den industriellen Kapitalisten, den Grundeigentümer, den Geldkapitalisten und, wenn es beliebt, den Steuereinnehmer berührt.

Aus dem bisher Entwickelten folgt nun noch etwas andres.

Der Teil des Werts der Ware, der nur den Wert der Rohstoffe, der Maschinerie, kurz den Wert der verbrauchten Produktionsmittel repräsentiert, bildet überhaupt *kein Einkommen,* sondern ersetzt *nur Kapital.* Aber abgesehn hiervon ist es falsch, daß der andre Teil des Werts der Ware, *der Einkommen bildet* oder in Form von Arbeitslohn, Profit, Rente, Zins verausgabt werden kann, sich aus dem Wert des Arbeitslohns, dem Wert der Rente, dem Wert des Profits usw. *konstituiert.* Wir wollen zunächst einmal den Arbeitslohn aus dem Spiel lassen und nur den industriellen Profit, Zins und Rente behandeln. Eben sahen wir, daß der in der Ware enthaltne *Mehrwert,* oder der Teil ihres Werts, worin *unbezahlte Arbeit* vergegenständlicht, sich *auflöst* in verschiedne Teile mit drei verschiednen Namen. Aber es hieße die Wahrheit in ihr Gegenteil verkehren, wollte man sagen, daß ihr Wert sich aus den *selbständigen Werten dieser drei Bestandteile zusammensetzt* oder sich durch deren *Zusammenzählung bildet.*

Wenn eine Arbeitsstunde sich vergegenständlicht in einem Wert von 6 d., wenn der Arbeitstag des Arbeiters 12 Stunden ausmacht, wenn die Hälfte dieser Zeit aus unbezahlter Arbeit besteht, wird diese Mehrarbeit der Ware einen *Mehrwert* von 3 sh. zusetzen, d.h. einen Wert, für den kein Äquivalent gezahlt worden ist. Dieser Mehrwert von 3 sh. konstituiert den *ganzen Fonds,* den sich der industrielle Kapitalist mit dem Grundeigentümer und dem Geldverleiher, in welchen Proportionen immer, teilen kann. Der Wert dieser 3 sh. konstituiert die Grenze des Werts, den sie unter sich zu verteilen haben. Es ist aber nicht der industrielle Kapitalist, der dem Wert der Ware einen willkürlichen Wert zum Zwecke seines Profits zusetzt, dem ein weitrer Wert für den Grundeigentümer angereiht wird usw., so daß die Zusammenzählung dieser drei willkürlich festgestellten Werte den Gesamtwert konstituierte. Ihr seht daher das Trügliche der landläufigen Vorstellung, die die *Spaltung* eines *gegebnen Werts* in drei Teile mit der *Bildung* dieses Werts durch Zusammenzählung dreier *selbständiger* Werte verwechselt, indem sie so den Gesamtwert, woraus Rente, Profit und Zins sich herleiten, in eine willkürliche Größe verwandelt.

Wenn der von einem Kapitalisten realisierte Gesamtprofit gleich 100 Pfd. St. ist, so nennen wir diese Summe, als *absolute* Größe betrachtet, die *Menge des Profits.* Berechnen wir aber das Verhältnis, worin diese 100 Pfd. St. zu dem vorgeschossenen Kapital stehn, so nennen wir diese *relative* Größe die *Rate des Profits.* Es ist augenscheinlich, daß diese Profitrate auf zweierlei Art ausgedrückt werden kann.

Unterstellt, 100 Pfd. St. seien in *Arbeitslohn vorgeschossenes* Kapital. Wenn der erzeugte Mehrwert ebenfalls 100 Pfd. St. beträgt – was uns anzeigen würde, daß der halbe Arbeitstag des Arbeiters aus *unbezahlter* Arbeit besteht – und wir diesen Profit an dem in Arbeitslohn vorgeschossenen Kapital messen, so würden wir sagen, daß die *Profitrate* sich auf 100 % beliefe, weil der vorgeschossene Wert 100 und der realisierte Wert 200 wäre.

Wenn wir andrerseits nicht bloß das *in Arbeitslohn vorgeschossene Kapital* betrachten, sondern das *vorgeschossene Gesamtkapital,* sage z. B. 500 Pfd. St., wovon 400 Pfd. St. den Wert der Rohstoffe, Maschinerie usw. repräsentierten, so würden wir sagen, daß die *Profitrate* sich nur auf 20 % beliefe, weil der Profit von 100 nicht mehr wäre als der fünfte Teil des vorgeschossenen *Gesamt*kapitals.

Die erste Ausdrucksform der Profitrate ist die einzige, die euch das wirkliche Verhältnis zwischen bezahlter und unbezahlter Arbeit anzeigt, den wirklichen Grad der *Exploitation* (ihr müßt mir dies französische Wort gestatten) *der Arbeit.* Die andre Ausdrucksform ist die allgemein übliche, und in der Tat ist sie für bestimmte Zwecke geeignet. Jedenfalls ist sie sehr nützlich zur Verschleierung des Grads, worin der Kapitalist Gratisarbeit aus dem Arbeiter herauspreßt.

In den Bemerkungen, die ich noch zu machen habe, werde ich das Wort *Profit* für die Gesamtmenge des von dem Kapitalisten herausgepreßten Mehrwerts anwenden ohne jede Rücksicht auf die Teilung dieses Mehrwerts zwischen den verschiednen Personen, und wo ich das Wort *Profitrate* anwende, werde ich stets den Profit am Wert des in Arbeitslohn vorgeschossenen Kapitals messen.

12. Das allgemeine Verhältnis zwischen Profiten, Arbeitslöhnen und Preisen

Zieht man von dem Wert einer Ware jenen Wert ab, der Ersatz ist für den in ihr enthaltnen Wert der Rohstoffe und andern Produktionsmittel, d.h. den Wert der in ihr enthaltnen *vergangnen* Arbeit, so löst sich der Rest ihres Werts in das Arbeitsquantum auf, das ihr der *zuletzt* beschäftigte Arbeiter zugesetzt hat. Wenn dieser Arbeiter 12 Stunden täglich arbeitet, wenn sich 12 Stunden Durchschnittsarbeit in einer Goldmenge gleich 6 sh. kristallisieren, so wird dieser zugesetzte Wert von 6 sh. der *einzige* Wert sein, den seine Arbeit geschaffen hat. Dieser gegebne, durch seine Arbeitszeit bestimmte Wert ist der einzige Fonds, wovon beide, er und der Kapitalist, ihre respektiven Anteile oder Dividenden ziehn können, der einzige Wert, der in Arbeitslohn und Profit geteilt werden kann. Es ist klar, daß dieser Wert selbst nicht geändert wird durch die variablen Proportionen, worin er zwischen den beiden Parteien geteilt werden mag. Es würde hieran auch nichts geändert, wenn statt eines einzigen Arbeiters die gesamte Arbeiterbevölkerung unterstellt wird, 12 Millionen Arbeitstage z.B. an Stelle eines einzigen.

Da Kapitalist und Arbeiter nur diesen begrenzten Wert zu teilen haben, d. h. den durch die Gesamtarbeit des Arbeiters gemessenen Wert, so erhält der eine desto mehr, je weniger dem andern zufällt, und umgekehrt. Sobald ein Quantum gegeben ist, wird der eine Teil davon zunehmen, wie, umgekehrt, der andre abnimmt. Wenn der Arbeitslohn sich ändert, wird der Profit sich in entgegengesetzter Richtung ändern. Wenn der Arbeitslohn fällt, so steigt der Profit; und wenn der Arbeitslohn steigt, so fällt der Profit. Würde der Arbeiter nach unsrer frühern Unterstellung 3 sh. gleich der Hälfte des von ihm erzeugten Werts erhalten oder sein ganzer Arbeitstag zur Hälfte aus bezahlter, zur Hälfte aus unbezahlter Arbeit bestehn, so würde die *Profitrate* 100 % ausmachen, weil der Kapitalist ebenfalls 3 sh. erhielte. Würde der Arbeiter nur 2 sh. erhalten oder nur ⅓ des ganzen Tags für sich arbeiten, so erhielte der Kapitalist 4 sh., und die Profitrate wäre 200 %. Würde der Arbeiter 4 sh. erhalten, so erhielte der Kapitalist nur 2, und die Profitrate würde auf 50 % sinken, aber alle diese Veränderungen werden nicht den Wert der Ware berühren. Eine allgemeine Lohnsteigerung würde daher auf eine Senkung der allgemeinen Profitrate hinauslaufen, ohne jedoch die Werte zu beeinflussen.

Aber obgleich die Werte der Waren, die in letzter Instanz ihre Marktpreise regulieren müssen, ausschließlich bestimmt sind durch die Gesamtquanta der in ihnen dargestellten Arbeit und nicht durch die Teilung dieses Quantums in bezahlte und unbezahlte Arbeit, so folgt daraus keineswegs, daß die Werte der einzelnen Waren oder Warenmengen, die z. B. in 12 Stunden produziert worden sind, konstant bleiben. Die in gegebner Arbeitszeit oder mit gegebnem Arbeitsquantum erzeugte *Zahl* oder Masse von Waren hängt ab von der *Produktivkraft* der angewandten Arbeit und nicht von ihrer *Dauer* oder Länge. Mit dem einen Grad der Produktivkraft der Spinnarbeit z. B. mag ein Arbeitstag von 12 Stunden 12 Pfund Garn produzieren, mit einem geringeren Grad nur 2 Pfund. Wenn nun zwölfstündige Durchschnittsarbeit sich in dem einen Fall in einem Wert von 6 sh. vergegenständlichte, so würden die 12 Pfund Garn 6 sh. kosten, in dem andern Fall die 2 Pfund Garn ebenfalls 6 sh. Ein Pfund Garn würde daher in dem einen Fall 6 d., in dem andern 3 sh. kosten. Diese Differenz des Preises würde resultieren aus der Differenz in den Produktivkräften der angewandten Arbeit. Mit der größeren Produktivkraft würde in 1 Pfund Garn 1 Arbeitsstunde vergegenständlicht, mit der geringeren dagegen 6 Arbeitsstunden. Der Preis von 1 Pfund Garn betrüge in dem einen Fall nur 6 d., obgleich der Arbeitslohn relativ hoch und die Profitrate niedrig wäre; er betrüge in dem andern Fall 3 sh., obgleich der Arbeitslohn niedrig und die Profitrate hoch wäre. Das wäre der Fall, weil der Preis des Pfundes Garn reguliert wird durch das *Gesamtquantum der in ihm aufgearbeiteten Arbeit* und nicht durch die *proportionelle Teilung dieses Gesamtquantums in bezahlte und unbezahlte Arbeit.* Die von mir vorhin erwähnte Tatsache, daß hochbezahlte Arbeit wohlfeile und niedrig bezahlte Arbeit teure Waren produzieren kann, verliert daher ihren paradoxen Schein. Sie ist nur der Ausdruck des allgemeinen Gesetzes, daß der Wert einer Ware reguliert wird durch das in ihr aufgearbeitete Arbeitsquantum, daß aber das in ihr aufgearbeitete Arbeitsquantum ganz abhängt von der Produktivkraft der angewandten Arbeit und daher mit jedem Wechsel in der Produktivität der Arbeit wechseln wird.

13. Die hauptsächlichsten Versuche, den Arbeitslohn zu heben oder seinem Sinken entgegenzuwirken

Laßt uns nun nacheinander die Hauptfälle betrachten, worin eine Steigerung des Arbeitslohns versucht oder seiner Herabsetzung entgegengewirkt wird.

1. Wir haben gesehn, daß der *Wert der Arbeitskraft,* oder in landläufigerer Redeweise: der *Wert der Arbeit,* bestimmt ist durch den Wert der Lebensmittel oder das zu ihrer Produktion erheischte Arbeitsquantum. Wenn nun in einem gegebnen Land der Durchschnittswert der täglichen Lebensmittel eines Arbeiters 6 Arbeitsstunden repräsentierte, die sich in 3 sh. ausdrückten, so würde der Arbeiter 6 Stunden täglich zu arbeiten haben, um ein Äquivalent für seinen täglichen Lebensunterhalt zu produzieren. Wäre der ganze Arbeitstag 12 Stunden, so würde der Kapitalist ihm den Wert seiner Arbeit bezahlen, indem er ihm 3 sh. zahlte. Der halbe Arbeitstag bestünde aus unbezahlter Arbeit und die Profitrate beliefe sich auf 100 %. Unterstellt jedoch nun, daß infolge einer Verminderung der Produktivität mehr Arbeit erforderlich würde, um sage dieselbe Menge landwirtschaftlicher Produkte zu produzieren, so daß der Durchschnittspreis der täglichen Lebensmittel von 3 auf 4 sh. stiege. In diesem Fall würde der *Wert* der Arbeit um 1/3 oder 33 1/3 % steigen. Acht Stunden des Arbeitstags wären erheischt, um ein Äquivalent für den täglichen Lebensunterhalt des Arbeiters entsprechend seinem alten Lebensstandard zu produzieren. Die Mehrarbeit würde daher von 6 auf 4 Stunden und die Profitrate von 100 auf 50 % sinken. Bestünde aber der Arbeiter auf einer Steigerung des Arbeitslohns, so würde er bloß darauf bestehn, den *gestiegnen Wert seiner Arbeit* zu erhalten, genau wie jeder andre Verkäufer einer Ware, der, sobald die Kosten seiner Ware gestiegen, den Versuch macht, ihren gestiegnen Wert bezahlt zu bekommen. Stiege der Arbeitslohn gar nicht oder nicht genügend, um die erhöhten Werte der Lebensmittel zu kompensieren, so würde der *Preis* der Arbeit *unter den Wert der Arbeit* sinken und der Lebensstandard des Arbeiters würde sich verschlechtern.

Aber es könnte ein Wechsel auch in umgekehrter Richtung eintreten. Infolge der vermehrten Produktivität der Arbeit könnte dieselbe Durchschnittsmenge der täglichen Lebensmittel von 3 auf 2 sh. sinken, oder es wären bloß 4 statt 6 Stunden des Arbeitstags erforderlich zur Reproduktion eines Äquivalents für den Wert der täglichen Lebensmittel. Der Arbeiter würde nun befähigt, mit 2 sh. ebensoviel Lebensmittel zu kaufen, wie früher mit 3 sh. In der Tat wäre der *Wert der Arbeit* gesunken, aber dieser verminderte Wert würde dieselbe Lebensmittelmenge kommandieren wie früher. Dann würde der Profit von 3 auf 4 sh. steigen und die Profitrate von 100 auf 200 %. Obgleich der absolute Lebensstandard des Arbeiters derselbe geblieben wäre, wäre sein *relativer* Arbeitslohn und damit seine *relative gesellschaftliche Stellung,* verglichen mit der des Kapitalisten, niedriger geworden. Sollte der Arbeiter dieser Herabsetzung des relativen Arbeitslohns widerstreben, so wäre das bloß ein Versuch, sich einen gewissen Anteil an der Vermehrung der Produktivkraft seiner eignen Arbeit zu sichern und seine frühere relative Stellung auf der gesellschaftlichen Stufenleiter zu behaupten. So reduzierten die englischen Fabriklords nach Abschaffung der Korngesetze, und unter offensichtlicher Verletzung der während der Anti-Korngesetz-Agitation feierlichst gegebnen Versprechungen, den Arbeitslohn allgemein um 10 %. Der Widerstand der Arbeiter ward anfangs überwunden, aber infolge von Umständen, auf die ich jetzt nicht eingehn kann, wurden die verlornen 10 % nachträglich wiedererlangt.

2. Der *Wert* der Lebensmittel, und darum der *Wert der Arbeit,* könnte derselbe bleiben, aber sein *Geldpreis* könnte infolge eines vorhergehenden *Wechsels* im *Wert des Geldes* eine Änderung erfahren.

Nach Entdeckung ergiebigerer Minen usw. brauchte z. B. die Produktion von zwei Unzen Gold nicht mehr Arbeit zu kosten als früher die von einer Unze. Der *Wert* des Goldes hätte sich dann um die Hälfte oder 50 % vermindert. Da nun die *Werte* aller andern Waren, in ihren frühern *Geldpreisen* ausgedrückt, verdoppelt wären, so auch der *Wert der Arbeit.* Zwölf Arbeitsstunden, früher in 6 sh. ausgedrückt, würden sich nun in 12 sh. ausdrücken. Bliebe der Lohn des Arbeiters, statt auf 6 sh. zu steigen, 3 sh., so wäre der *Geldpreis seiner Arbeit* bloß gleich dem *halben Wert seiner Arbeit,* und sein Lebensstandard würde sich furchtbar verschlechtern. Dies fände in größerem oder geringerem Grad auch dann statt, wenn sein Arbeitslohn zwar stiege, aber nicht im Verhältnis zum Sinken des Goldwerts. In diesem Fall hätte sich nichts geändert, weder die Produktivkraft der Arbeit noch Angebot und Nachfrage, noch die Werte. Es hätte sich nichts geändert außer den Geld*namen* jener Werte. Wird gesagt, daß der Arbeiter in diesem Fall nicht auf einer proportionellen Lohnsteigerung bestehen solle, so heißt das, er solle sich damit zufriedengeben, mit Namen statt mit Sachen bezahlt zu werden. Alle bisherige Geschichte beweist, daß, wann immer eine solche Entwertung des Geldes vor sich geht, die Kapitalisten sich diese Gelegenheit, den Arbeiter übers Ohr zu hauen, nicht entgehen lassen. Eine sehr zahlreiche Schule politischer Ökonomen versichert, daß infolge der Entdeckung neuer Goldfelder, der besseren Ausbeute der Silberminen und der wohlfeileren Quecksilberzufuhr der Wert der edlen Metalle wieder gesunken sei. Dies würde erklären, warum auf dem Kontinent allgemein und gleichzeitig Versuche unternommen werden, eine Steigerung der Löhne durchzusetzen.

3. Wir haben bis jetzt die Grenzen des *Arbeitstags* als gegeben unterstellt. An sich hat aber der Arbeitstag keine konstanten Grenzen. Die Tendenz des Kapitals geht ständig dahin, ihn bis auf die äußerste physisch mögliche Länge auszudehnen, weil in gleichem Maße die Mehrarbeit und folglich der daraus resultierende Profit vermehrt wird. Je erfolgreicher das Kapital in der Verlängerung des Arbeitstags ist, desto größer ist die Menge fremder Arbeit, die es sich aneignen wird. Während des 17. und selbst in den ersten beiden Dritteln des 18. Jahrhunderts war ein zehnstündiger Arbeitstag Normalarbeitstag in ganz England. Während des Antijakobinerkriegs,[38] der in

Wirklichkeit ein von den britischen Baronen geführter Krieg gegen die britischen Arbeitermassen war, feierte das Kapital seine Orgien und verlängerte den Arbeitstag von 10 auf 12, 14, 18 Stunden. *Malthus,* den ihr keineswegs weinerlicher Sentimentalität verdächtigen werdet, veröffentlichte um 1815 ein Pamphlet, worin er erklärte, daß, wenn dieser Zustand fortdaure, das Leben der Nation unmittelbar an seiner Wurzel angegriffen würde. Einige Jahre vor der allgemeinen Einführung der neuerfundenen Maschinerie, um 1765, erschien in England ein Pamphlet unter dem Titel: *„An Essay on Trade"*.[39] Der anonyme Verfasser, ein geschworner Feind der arbeitenden Klassen, deklamiert über die Notwendigkeit, die Grenzen des Arbeitstags auszudehnen. Unter andern Mitteln zu diesem Zweck schlägt er *Arbeitshäuser* vor, die, wie er sagt, *„Häuser des Schreckens"* sein müßten. Und was ist die Dauer des Arbeitstags, die er für diese „Häuser des Schreckens" vorschreibt? *Zwölf Stunden,* genau dieselbe Zeit, die 1832 von Kapitalisten, politischen Ökonomen und Ministern nicht nur als existierende, sondern als notwendige Arbeitszeit eines Kindes unter 12 Jahren erklärt wurde.[40]

Indem der Arbeiter seine Arbeitskraft verkauft, und unter dem gegenwärtigen System muß er das tun, überläßt er dem Kapitalisten die Konsumtion dieser Kraft, aber innerhalb gewisser rationeller Grenzen. Er verkauft seine Arbeitskraft, um sie, abgesehn von ihrem natürlichen Verschleiß, zu erhalten, nicht aber um sie zu zerstören. Indem er seine Arbeitskraft zu ihrem Tages- oder Wochenwert verkauft, gilt es als selbstverständlich, daß diese Arbeitskraft in einem Tag oder einer Woche nicht einem zweitägigen oder zweiwöchigen Verschleiß ausgesetzt werde. Nehmt eine Maschine, die 1 000 Pfd. St. wert ist. Wird sie in 10 Jahren verbraucht, so setzt sie dem Wert der Waren, an deren Produktion sie mitwirkt, jährlich 100 Pfd. St. zu. Würde sie in 5 Jahren verbraucht, so setzte sie jährlich 200 Pfd. St. zu, oder der Wert ihres Jahresverschleißes steht in umgekehrtem Verhältnis zu der Zeitdauer, worin sie konsumiert wird. Aber dies unterscheidet den Arbeiter von der Maschine. Die Maschinerie wird nicht ganz im selben Verhältnis, wie sie genutzt wird, altes Eisen. Der Mensch dagegen wird in stärkerem Verhältnis zerrüttet, als aus der bloß numerischen Zusammenrechnung der geleisteten Arbeit ersichtlich sein würde.

Bei ihren Versuchen, den Arbeitstag auf seine frühern rationellen Ausmaße zurückzuführen oder, wo sie die gesetzliche Festsetzung eines Normalarbeitstags nicht erzwingen können, die Überarbeit durch Steigerung des Lohns zu zügeln, eine Steigerung nicht nur in Proportion zu der verlangten Überzeit, sondern in größerer Proportion, erfüllen die Arbeiter bloß eine Pflicht gegen sich selbst und ihren Nachwuchs. Sie weisen bloß das Kapital mit seinen tyrannischen Übergriffen in seine Schranken zurück. Zeit ist der Raum zu menschlicher Entwicklung. Ein Mensch, der nicht über freie Zeit verfügt, dessen ganze Lebenszeit – abgesehn von rein physischen Unterbrechungen durch Schlaf, Mahlzeiten usw. – von seiner Arbeit für den Kapitalisten verschlungen wird, ist weniger als ein Lasttier. Er ist eine bloße Maschine zur Produktion von fremdem Reichtum, körperlich gebrochen und geistig verroht. Dennoch zeigt die ganze Geschichte der modernen Industrie, daß das Kapital, wenn ihm nicht Einhalt geboten wird, ohne Gnade und Barmherzigkeit darauf aus ist, die ganze Arbeiterklasse in diesen Zustand äußerster Degradation zu stürzen.

Bei Verlängerung des Arbeitstags mag der Kapitalist *höhern Arbeitslohn* zahlen und dennoch den *Wert der Arbeit* senken, falls die Lohnsteigerung nicht der herausgepreßten größeren Arbeitsmenge und so herbeigeführten rascheren Zerrüttung der Arbeitskraft entspricht. Dies kann auch in andrer Weise geschehn. Eure Bourgeoisstatistiker werden euch z. B. erklären, daß der Durchschnittslohn der Fabrikarbeiterfamilien in Lancashire gestiegen sei. Sie vergessen, daß statt der Arbeit des

Mannes, des Haupts der Familie, jetzt sein Weib und vielleicht drei oder vier Kinder unter die Juggernauträder[41] des Kapitals geschleudert sind und daß die Steigerung ihres Gesamtarbeitslohns der Gesamtmehrarbeit, die aus der Familie herausgepreßt worden, durchaus nicht entspricht.

Selbst bei gegebnen Grenzen des Arbeitstags, wie sie jetzt in allen den Fabrikgesetzen unterworfnen Industriezweigen existieren, kann eine Lohnsteigerung notwendig werden, schon um den alten Normal*wert der Arbeit* aufrechtzuerhalten. Durch Erhöhung der *Intensität* der Arbeit mag ein Mann dazu gebracht werden, in einer Stunde soviel Lebenskraft zu verausgaben wie früher in zwei. Dies ist in den Geschäftszweigen, die der Fabrikgesetzgebung unterworfen wurden, bis zu gewissem Grade geschehn durch beschleunigten Lauf der Maschinerie und Vermehrung der Zahl der Arbeitsmaschinen, die ein einzelner nun zu überwachen hat. Wenn die Zunahme der Arbeitsintensität oder der in einer Stunde verausgabten Arbeitsmasse der Verkürzung des Arbeitstags einigermaßen angemessen ist, so wird der Arbeiter noch im Vorteil sein. Wird diese Grenze überschritten, so verliert er in der einen Form, was er in der andern gewonnen, und 10 Arbeitsstunden können dann ebenso ruinierend werden wie früher 12 Stunden. Tritt der Arbeiter dieser Tendenz des Kapitals entgegen, indem er für eine der steigenden Arbeitsintensität entsprechende Lohnsteigerung kämpft, so widersetzt er sich nur der Entwertung seiner Arbeit und der Schwächung seines Nachwuchses.

4. Ihr alle wißt, daß die kapitalistische Produktion aus Gründen, die ich jetzt nicht auseinanderzusetzen brauche, sich in bestimmten periodischen Zyklen bewegt. Sie macht nacheinander den Zustand der Stille, wachsenden Belebung, Prosperität, Überproduktion, Krise und Stagnation durch. Die Marktpreise der Waren und die Marktraten des Profits folgen diesen Phasen, bald unter ihren Durchschnitt sinkend, bald sich darüber erhebend. Wenn ihr den ganzen Zyklus betrachtet, werdet ihr

finden, daß die eine Abweichung des Marktpreises durch die andre aufgehoben wird und daß, den Durchschnitt des Zyklus genommen, die Marktpreise der Waren durch ihre Werte reguliert werden. Schön! Während der Phase sinkender Marktpreise, ebenso wie während der Phasen der Krise und der Stagnation, ist der Arbeiter, falls er nicht überhaupt aufs Pflaster geworfen wird, einer Herabsetzung des Arbeitslohns gewärtig. Um nicht der Geprellte zu sein, muß er, selbst während eines solchen Sinkens der Marktpreise, mit dem Kapitalisten darüber markten, in welchem proportionellen Ausmaß eine Lohnsenkung notwendig geworden sei. Wenn er nicht bereits während der Prosperitätsphase, solange Extraprofite gemacht werden, für eine Lohnsteigerung kämpfte, so käme er im Durchschnitt eines industriellen Zyklus nicht einmal zu seinem *Durchschnittslohn* oder dem *Wert* seiner Arbeit. Es ist der Gipfel des Widersinns, zu verlangen, er solle, während sein Arbeitslohn notwendigerweise durch die ungünstigen Phasen des Zyklus beeinträchtigt wird, darauf verzichten, sich während der Prosperitätsphase schadlos zu halten. Allgemein ausgedrückt: Die *Werte* aller Waren werden nur realisiert durch Ausgleichung der ständig wechselnden Marktpreise, die aus den ständigen Fluktuationen von Nachfrage und Zufuhr entspringen. Auf Basis des gegenwärtigen Systems ist die Arbeit bloß eine Ware wie die andern. Sie muß daher dieselben Fluktuationen durchmachen, um einen ihrem Wert entsprechenden Durchschnittspreis zu erzielen. Es wäre absurd, sie einerseits als Ware zu behandeln und andrerseits zu verlangen, sie solle von den die Warenpreise regelnden Gesetzen ausgenommen werden. Der Sklave erhält eine ständige und fixe Menge zum Lebensunterhalt; der Lohnarbeiter erhält sie nicht. Er muß versuchen, sich in dem einen Fall eine Lohnsteigerung zu sichern, schon um in dem andern wenigstens für die Lohnsenkung entschädigt zu sein. Wollte er sich damit bescheiden, den Willen, die Machtsprüche des Kapitalisten als ein dauerndes ökonomisches Gesetz über sich ergehn zu lassen, so würde ihm alles Elend des Sklaven ohne die gesicherte Existenz des Sklaven zuteil.

5. In allen Fällen, die ich einer Betrachtung unterzogen habe – und sie machen 99 vom Hundert aus –, habt ihr gesehn, daß ein Ringen um Lohnsteigerung nur als Nachspiel *vorhergehender* Veränderungen vor sich geht und das notwendige Ergebnis ist von vorhergehenden Veränderungen im Umfang der Produktion, der Produktivkraft der Arbeit, des Werts der Arbeit, des Werts des Geldes, der Dauer oder der Intensität der ausgepreßten Arbeit, der Fluktuationen der Marktpreise, abhängend von den Fluktuationen von Nachfrage und Zufuhr und übereinstimmend mit den verschiednen Phasen des industriellen Zyklus – kurz, als Abwehraktion der Arbeit gegen die vorhergehende Aktion des Kapitals. Indem ihr das Ringen um eine Lohnsteigerung unabhängig von allen diesen Umständen nehmt, indem ihr nur auf die Lohnänderungen achtet und alle andern Veränderungen, aus denen sie hervorgehn, außer acht laßt, geht ihr von einer falschen Voraussetzung aus, um zu falschen Schlußfolgerungen zu kommen.

14. Der Kampf zwischen Kapital und Arbeit und seine Resultate

1. Nachdem wir gezeigt, daß der periodische Widerstand der Arbeiter gegen eine Lohnherabsetzung und ihre periodisch sich wiederholenden Versuche, eine Lohnsteigerung durchzusetzen, untrennbar sind vom Lohnsystem und eine gebieterische Folge eben der Tatsache sind, daß die Arbeit in die Kategorie der Waren versetzt und daher den Gesetzen unterworfen ist, die die allgemeine Bewegung der Preise regulieren; nachdem wir ferner gezeigt, daß eine allgemeine Lohnsteigerung ein Fallen der allgemeinen Profitrate zur Folge haben, nicht aber die Durchschnittspreise der Waren oder ihre Werte beeinflussen würde,

erhebt sich nun schließlich die Frage, inwiefern in diesem unaufhörlichen Ringen zwischen Kapital und Arbeit letztere Aussicht auf Erfolg hat.

Ich könnte mit einer Verallgemeinerung antworten und sagen, daß wie bei allen andern Waren so auch bei der Arbeit ihr *Marktpreis* sich auf die Dauer ihrem *Wert* anpassen wird; daß daher der Arbeiter, was er auch tun möge, trotz aller Auf- und Abbewegungen, im Durchschnitt nur den Wert seiner Arbeit erhielte, der sich in den Wert seiner Arbeitskraft auflöst, bestimmt durch den Wert der zu ihrer Erhaltung und Reproduktion erheischten Lebensmittel, deren Wert in letzter Instanz reguliert wird durch das zu ihrer Produktion erforderliche Arbeitsquantum.

Allein es gibt gewisse eigentümliche Merkmale, die den *Wert der Arbeitskraft* oder den *Wert der Arbeit* vor dem Wert aller andern Waren auszeichnen. Der Wert der Arbeitskraft wird aus zwei Elementen gebildet – einem rein physischen und einem historischen oder gesellschaftlichen. Seine *äußerste Grenze* ist durch das *physische* Element bestimmt, d. h. um sich zu erhalten und zu reproduzieren, um ihre physische Existenz auf die Dauer sicherzustellen, muß die Arbeiterklasse die zum Leben und zur Fortpflanzung absolut unentbehrlichen Lebensmittel erhalten. Der *Wert* dieser unentbehrlichen Lebensmittel bildet daher die äußerste Grenze des *Werts der Arbeit*. Andrerseits ist die Länge des Arbeitstags ebenfalls durch äußerste, obgleich sehr elastische Schranken begrenzt. Ihre äußerste Grenze ist gegeben mit der Körperkraft des Arbeiters. Wenn die tägliche Erschöpfung seiner Lebenskraft einen bestimmten Grad überschreitet, kann sie nicht immer wieder aufs neue, tagaus, tagein, angespannt werden. Indes ist, wie gesagt, diese Grenze sehr elastisch. Eine rasche Folge schwächlicher und kurzlebiger Generationen wird den Arbeitsmarkt ebensogut mit Zufuhr versorgen wie eine Reihe robuster und langlebiger Generationen.

Außer durch dies rein physische Element ist der Wert der Arbeit in jedem Land bestimmt durch einen *traditionellen Lebensstandard*. Er betrifft nicht das rein physische Leben, sondern die Befriedigung bestimmter Bedürfnisse, entspringend aus den gesellschaftlichen Verhältnissen, in die die Menschen gestellt sind und unter denen sie aufwachsen. Der englische Lebensstandard kann auf den irischen Standard herabgedrückt werden; der Lebensstandard eines deutschen Bauern auf den eines livländischen. Welche bedeutende Rolle in dieser Beziehung historische Tradition und gesellschaftliche Gewohnheit spielen, könnt ihr aus Herrn *Thorntons* Werk von der *„Overpopulation“* ersehn, wo er nachweist, daß der Durchschnittslohn in verschiednen Ackerbaudistrikten Englands noch heutigentags mehr oder weniger bedeutende Unterschiede aufweist je nach den mehr oder minder günstigen Umständen, unter denen die Distrikte aus dem Zustand der Hörigkeit herausgekommen sind.

Dies historische oder gesellschaftliche Element, das in den Wert der Arbeit eingeht, kann gestärkt oder geschwächt, ja ganz ausgelöscht werden, so daß nichts übrigbleibt als die *physische Grenze*. Während der Zeit des *Antijakobinerkriegs* – unternommen, wie der alte George Rose, dieser unverbesserliche Nutznießer der Steuern und Sinekuren, zu sagen pflegte, um die Tröstungen unsrer heiligen Religion vor den Übergriffen der französischen Ungläubigen zu schützen – drückten die ehrenwerten englischen Pächter, die in einer unsrer frühern Zusammenkünfte so zart angefaßt worden sind, die Löhne der Landarbeiter selbst unter jenes *rein physische Minimum*, ließen aber den für die physische Fortdauer des Geschlechts notwendigen Rest vermittels der *Armengesetze*[42] aufbringen. Dies war eine glorreiche Manier, den Lohnarbeiter in einen Sklaven und Shakespeares stolzen Freisassen in einen Pauper zu verwandeln.

Vergleicht ihr die Standardlöhne oder Werte der Arbeit in verschiednen Ländern und vergleicht ihr sie in verschiednen

Geschichtsepochen desselben Landes, so werdet ihr finden, daß der *Wert der Arbeit* selber keine fixe, sondern eine variable Größe ist, selbst die Werte aller andern Waren als gleichbleibend unterstellt.

Ein ähnlicher Vergleich würde zeigen, daß nicht bloß die *Marktraten des Profits*, sondern auch seine *Durchschnittsraten* sich ändern.

Was aber die *Profite* angeht, so gibt es kein Gesetz, das ihr *Minimum* bestimmte. Wir können nicht sagen, was die äußerste Grenze ihrer Abnahme sei. Und warum können wir diese Grenze nicht feststellen? Weil wir, obgleich wir das *Minimum* der Arbeitslöhne feststellen können, nicht ihr *Maximum* feststellen können. Wir können nur sagen, daß mit gegebnen Grenzen des Arbeitstags das *Maximum des Profits* dem *physischen Minimum des Arbeitslohns* entspricht; und daß mit gegebnem Arbeitslohn das *Maximum des Profits* einer solchen Verlängerung des Arbeitstags entspricht, wie sie mit den Körperkräften des Arbeiters verträglich ist. Das Maximum des Profits ist daher begrenzt durch das physische Minimum des Arbeitslohns und das physische Maximum des Arbeitstags. Es ist klar, daß zwischen den beiden Grenzen dieser *Maximalprofitrate* eine unendliche Stufenleiter von Variationen möglich ist. Die Fixierung ihres faktischen Grads erfolgt nur durch das unaufhörliche Ringen zwischen Kapital und Arbeit, indem der Kapitalist ständig danach strebt, den Arbeitslohn auf sein physisches Minimum zu reduzieren und den Arbeitstag bis zu seinem physischen Maximum auszudehnen, während der Arbeiter ständig in der entgegengesetzten Richtung drückt.

Die Frage löst sich auf in die Frage nach dem Kräfteverhältnis der Kämpfenden.

2. Was die *Beschränkung des Arbeitstags* angeht, in England wie in allen andern Ländern, so ist sie nie anders als durch *legislative Einmischung* erfolgt. Ohne den ständigen Druck der Arbeiter von außen hätte diese Einmischung nie stattgefunden.

Jedenfalls aber war das Resultat nicht durch private Vereinbarung zwischen Arbeitern und Kapitalisten zu erreichen. Eben diese Notwendigkeit *allgemeiner politischer Aktion* liefert den Beweis, daß in seiner rein ökonomischen Aktion das Kapital der stärkere Teil ist.

Was die *Grenzen des Werts der Arbeit* angeht, so hängt seine faktische Festsetzung immer von Angebot und Nachfrage ab, ich meine die Nachfrage nach Arbeit von seiten des Kapitals und das Angebot von Arbeit durch die Arbeiter. In Kolonialländern begünstigt das Gesetz von Angebot und Nachfrage den Arbeiter. Daher der relativ hohe Lohnstandard in den Vereinigten Staaten. Das Kapital kann dort sein Äußerstes versuchen. Es kann nicht verhindern, daß der Arbeitsmarkt ständig entvölkert wird durch die ständige Verwandlung von Lohnarbeitern in unabhängige, selbstwirtschaftende Bauern. Die Tätigkeit eines Lohnarbeiters ist für einen sehr großen Teil des amerikanischen Volks nur eine Probezeit, die sie sicher sind, über kurz oder lang durchlaufen zu haben.[43] Um diesem Stand der Dinge in den Kolonien abzuhelfen, machte sich die väterliche britische Regierung eine Zeitlang das zu eigen, was die moderne Kolonisationstheorie genannt wird, die darin besteht, den Preis des Kolonialbodens künstlich hochzuschrauben, um die allzu rasche Verwandlung des Lohnarbeiters in den unabhängigen Bauern zu verhindern.

Aber wenden wir uns nun den alten zivilisierten Ländern zu, in denen das Kapital den ganzen Produktionsprozeß beherrscht. Nehmt z. B. das Steigen der Landarbeiterlöhne in England von 1849 bis 1859. Was war seine Folge? Weder konnten die Pächter, wie unser Freund Weston ihnen geraten haben würde, den Wert des Weizens noch auch nur seine Marktpreise erhöhn. Sie hatten sich vielmehr mit ihrem Fallen abzufinden. Aber während dieser 11 Jahre führten sie allerlei Maschinerie ein, wandten wissenschaftlichere Methoden an, verwandelten einen Teil des Ackerlandes in Viehweide, erweiterten den Umfang der Pachtungen und damit die Stufenleiter der Produktion, und da sie durch diese und andre Prozeduren die Nachfrage nach Arbeit verringerten, indem sie deren Produktivkraft steigerten, machten sie die ländliche Bevölkerung wieder relativ überflüssig. Das ist in altbesiedelten Ländern allgemein die Methode, wie eine raschere oder langsamere Reaktion des Kapitals auf eine Lohnsteigerung vor sich geht. Ricardo hat richtig bemerkt, daß die Maschinerie ständig mit der Arbeit konkurriert und oft nur eingeführt werden kann, wenn der Preis der Arbeit eine bestimmte Höhe erreicht hat, doch ist die Anwendung von Maschinerie bloß eine der vielen Methoden, die Produktivkraft der Arbeit zu steigern. Genau dieselbe Entwicklung, die die ungelernte Arbeit relativ überflüssig macht, vereinfacht andrerseits die gelernte Arbeit und entwertet sie.

Das gleiche Gesetz findet sich noch in andrer Form. Mit der Entwicklung der Produktivkraft der Arbeit wird die Akkumulation des Kapitals beschleunigt, selbst trotz einer relativ hohen Lohnrate. Hieraus könnte man schließen, wie *A. Smith,* zu dessen Zeit die moderne Industrie noch in den Kinderschuhen steckte, wirklich schloß, daß diese beschleunigte Akkumulation des Kapitals die Waagschale zugunsten des Arbeiters neigen müßte, indem sie ihm eine wachsende Nachfrage nach seiner Arbeit sichert. Von demselben Standpunkt haben viele jetzt lebende Schriftsteller sich darüber gewundert, daß, da das englische Kapital in den letzten zwanzig Jahren soviel rascher als die englische Bevölkerung gewachsen ist, der Arbeitslohn nicht bedeutender gestiegen sei. Allein gleichzeitig mit dem Fortschritt der Akkumulation findet eine *fortschreitende Veränderung* in der *Zusammensetzung des Kapitals* statt. Der Teil des Gesamtkapitals, der aus fixem Kapital – Maschinerie, Rohstoffen, Produktionsmitteln in allen erdenklichen Formen – besteht, nimmt stärker zu, verglichen mit dem andern Teil des Kapitals, der in Arbeitslohn oder im Ankauf von Arbeit ausgelegt wird. Dies Gesetz ist mehr oder weniger präzis festgestellt worden von Barton, Ricardo, Sismondi, Professor Richard Jones, Professor Ramsay, Cherbuliez u. a.

Wenn das Verhältnis dieser beiden Elemente des Kapitals ursprünglich 1:1 war, so wird es im Fortschritt der Industrie 5:1 usw. werden. Wenn von einem Gesamtkapital von 600 in Instrumenten, Rohstoffen usw. 300 und 300 in Arbeitslohn ausgelegt ist, so braucht das Gesamtkapital nur verdoppelt zu werden, um eine Nachfrage nach 600 Arbeitern statt nach 300 zu schaffen. Bei einem Kapital von 600, von dem 500 in Maschinerie, Materialien usw. und nur 100 in Arbeitslohn ausgelegt sind, muß dasselbe Kapital von 600 auf 3600 anwachsen, um eine Nachfrage nach 600 Arbeitern wie im vorigen Fall zu schaffen. Im Fortschritt der Industrie hält daher die Nachfrage nach Arbeit nicht Schritt mit der Akkumulation des Kapitals. Sie wird zwar noch wachsen, aber in ständig abnehmender Proportion, verglichen mit der Vergrößerung des Kapitals.

Diese wenigen Andeutungen werden genügen, um zu zeigen, daß die ganze Entwicklung der modernen Industrie die Waagschale immer mehr zugunsten des Kapitalisten und gegen den Arbeiter neigen muß und daß es folglich die allgemeine Tendenz der kapitalistischen Produktion ist, den durchschnittlichen Lohnstandard nicht zu heben, sondern zu senken oder den *Wert der Arbeit* mehr oder weniger bis zu seiner *Minimalgrenze* zu drücken. Da nun die Tendenz der *Dinge* in diesem System solcher Natur ist, besagt das etwa, daß die Arbeiterklasse auf ihren Widerstand gegen die Gewalttaten des Kapitals verzichten und ihre Versuche aufgeben soll, die gelegentlichen Chancen zur vorübergehenden Besserung ihrer Lage auf die bestmögliche Weise auszunutzen? Täte sie das, sie würde degradiert werden zu einer unterschiedslosen Masse ruinierter armer Teufel, denen keine Erlösung mehr hilft. Ich glaube nachgewiesen zu haben, daß ihre Kämpfe um den Lohnstandard von dem ganzen Lohnsystem unzertrennliche Begleiterscheinungen sind, daß in 99 Fällen von 100 ihre Anstrengungen, den

Arbeitslohn zu heben, bloß Anstrengungen zur Behauptung des gegebnen Werts der Arbeit sind und daß die Notwendigkeit, mit dem Kapitalisten um ihren Preis zu markten, der Bedingung inhärent ist, sich selbst als Ware feilbieten zu müssen. Würden sie in ihren tagtäglichen Zusammenstößen mit dem Kapital feige nachgeben, sie würden sich selbst unweigerlich der Fähigkeit berauben, irgendeine umfassendere Bewegung ins Werk zu setzen.

Gleichzeitig, und ganz unabhängig von der allgemeinen Fron, die das Lohnsystem einschließt, sollte die Arbeiterklasse die endgültige Wirksamkeit dieser tagtäglichen Kämpfe nicht überschätzen. Sie sollte nicht vergessen, daß sie gegen Wirkungen kämpft, nicht aber gegen die Ursachen dieser Wirkungen; daß sie zwar die Abwärtsbewegung verlangsamt, nicht aber ihre Richtung ändert; daß sie Palliativmittel anwendet, die das Übel nicht kurieren. Sie sollte daher nicht ausschließlich in diesem unvermeidlichen Kleinkrieg aufgehen, der aus den nie enden wollenden Gewalttaten des Kapitals oder aus den Marktschwankungen unaufhörlich hervorgeht. Sie sollte begreifen, daß das gegenwärtige System bei all dem Elend, das es über sie verhängt, zugleich schwanger geht mit den *materiellen Bedingungen* und den gesellschaftlichen Formen, die für eine ökonomische Umgestaltung der Gesellschaft notwendig sind. Statt des *konservativen* Mottos: *„Ein gerechter Tagelohn für ein gerechtes Tagewerk!“*, sollte sie auf ihr Banner die *revolutionäre* Losung schreiben: *„Nieder mit dem Lohnsystem!“*

Nach dieser sehr langen und, wie ich fürchte, ermüdenden Auseinandersetzung, auf die ich mich einlassen mußte, um dem zur Debatte stehenden Gegenstand einigermaßen gerecht zu werden, möchte ich mit dem Vorschlag schließen, folgende Beschlüsse anzunehmen:

1. Eine allgemeine Steigerung der Lohnrate würde auf ein Fallen der allgemeinen Profitrate hinauslaufen, ohne jedoch, allgemein gesprochen, die Warenpreise zu beeinflussen.

2. Die allgemeine Tendenz der kapitalistischen Produktion geht dahin, den durchschnittlichen Lohnstandard nicht zu heben, sondern zu senken.

3. Gewerkschaften tun gute Dienste als Sammelpunkte des Widerstands gegen die Gewalttaten des Kapitals. Sie verfehlen ihren Zweck zum Teil, sobald sie von ihrer Macht einen unsachgemäßen Gebrauch machen. Sie verfehlen ihren Zweck gänzlich, sobald sie sich darauf beschränken, einen Kleinkrieg gegen die Wirkungen des bestehenden Systems zu führen, statt gleichzeitig zu versuchen, es zu ändern, statt ihre organisierten Kräfte zu gebrauchen als einen Hebel zur schließlichen Befreiung der Arbeiterklasse, d.h. zur endgültigen Abschaffung des Lohnsystems.

ANMERKUNGEN

1 Nach: Karl Marx / Friedrich Engels, Werke, Band 22, S. 202–209, Dietz Verlag Berlin, 1977.

Die vorliegende Einleitung schrieb Engels für den neuen von ihm redigierten Sonderabdruck von Marx' „Lohnarbeit und Kapital", der 1891 in Berlin erschien. Zu Beginn der Einleitung übernahm Engels vollständig jene Vorbemerkung. die er zur vorangegangenen Ausgabe dieser Arbeit (1884) geschrieben hatte (siehe Karl Marx / Friedrich Engels, Werke, Band 21, S. 174). Um die ökonomische Lehre von Marx unter den Arbeitern zu propagieren, wurde diese Broschüre mit der Einleitung von Engels in großer Auflage herausgebracht.

Die Einleitung wurde in der sozialistischen und Arbeiterpresse weit verbreitet und als selbständiger Artikel veröffentlicht. Vor dem Erscheinen der Broschüre druckte sie der „Vorwärts" in der Beilage Nr. 109 vom 13. Mai 1891 unter der Überschrift „Lohnarbeit und Kapital". Mit einigen Kürzungen erschien sie in der Zeitung „Freiheit" Nr. 22 vom 30. Mai 1891, in der italienischen Zeitschrift „Critica Sociale" Nr. 10 vom 10. Juli 1891, in der Zeitung „Le Socialiste" Nr. 44 vom 22. Juli 1891, im Almanach der französischen sozialistischen Zeitschrift „Question sociale" im Jahre 1892 sowie in anderen Organen.

Die Einleitung ist auch in allen späteren Ausgaben von „Lohnarbeit und Kapital" enthalten, die, auf der deutschen Ausgabe von 1891 fußend, in vielen Sprachen der Welt erschienen. 5

2 Der *Deutsche Arbeiterverein* in Brüssel wurde von Marx und Engels Ende August 1847 mit dem Ziel gegründet, die in Belgien lebenden deutschen Arbeiter politisch aufzuklären und mit den Ideen des wissenschaftlichen Kommunismus bekannt zu machen. Unter der Leitung von Marx und Engels sowie deren Kampfgefährten entwickelte er sich zu einem legalen Zentrum der deutschen revolutionären Arbeiter in Belgien. Der Deutsche Arbeiterverein

stand in direkter Verbindung mit den flämischen und wallonischen Arbeitervereinen. Die fortschrittlichsten Mitglieder traten der Brüsseler Gemeinde des Bundes der Kommunisten bei. Der Verein spielte eine hervorragende Rolle bei der Gründung der Brüsseler *Association démocratique*. Bald nach der Februarrevolution 1848 in Frankreich, als die belgische Polizei die meisten Mitglieder des Deutschen Arbeitervereins verhaftete und auswies, stellte dieser seine Tätigkeit ein. *5*

3 Die zaristischen Truppen marschierten 1849 in Ungarn ein, um die bürgerliche Revolution niederzuschlagen und die Macht der Habsburger wiederherzustellen. Die Aufstände zur Verteidigung der Reichsverfassung (die von der Frankfurter Nationalversammlung am 28. März 1849 beschlossen worden war, von den meisten deutschen Regierungen jedoch abgelehnt wurde) bildeten die letzte Etappe der unvollendeten bürgerlich-demokratischen Revolution 1848/49 in Deutschland. Im Mai und Juni 1849 kam es in der Rheinprovinz, in Dresden, Baden und in der Pfalz zu bewaffneten Kämpfen der Volksmassen. Von der Frankfurter Nationalversammlung erhielten die Aufständischen keinerlei Unterstützung. Die Erhebungen trugen einen isolierten und spontanen Charakter und wurden Mitte Juli 1849 grausam unterdrückt. Engels charakterisierte diese Aufstände in den Arbeiten „Die deutsche Reichsverfassungskampagne" (siehe Karl Marx / Friedrich Engels, Werke, Band 7, S. 109–197) und „Revolution und Konterrevolution in Deutschland" (siehe Karl Marx / Friedrich Engels, Werke, Band 8, S. 3–108). *5*

4 Später wurde im handschriftlichen Nachlaß von Marx das Manuskript eines Entwurfs zur Vorbereitung des letzten oder einiger der letzten Vorträge zu dem Thema „Lohnarbeit und Kapital" entdeckt, das mit „Arbeitslohn" betitelt war (siehe S. 55–82 dieser Ausgabe). Dieses Manuskript ergänzt dem Inhalt nach teilweise Marx' unvollendete Schrift „Lohnarbeit und Kapital". Für die Presse bearbeitete abschließende Teile von „Lohnarbeit und Kapital" sind jedoch unter den Manuskripten von Marx nicht gefunden worden. *5*

5 Siehe Karl Marx / Friedrich Engels, Werke, Band 13. *5*

6 Siehe Karl Marx / Friedrich Engels, Werke, Band 13, S. 15–37. *8*

7 Siehe Karl Marx / Friedrich Engels, Werke, Band 23, S. 49–85. *8*

8 Siehe Karl Marx / Friedrich Engels, Werke, Band 23, S. 559. *11*

9 Siehe Karl Marx / Friedrich Engels, Werke, Band 23, S.181–191. *12*

10 Die Maifeier wurde in einigen Ländern (England, Deutschland) am ersten Sonntag nach dem 1. Mai durchgeführt, der 1891 auf den 3. Mai fiel. In den ersten Maitagen des Jahres 1891 fanden in vielen Städten Englands, Österreichs, Deutschlands, Frankreichs, Rußlands, Italiens und anderer Länder Demonstrationen und Versammlungen der Arbeiter statt. *15*

11 Nach: Karl Marx / Friedrich Engels, Werke, Band 6, S. 397–423, Dietz Verlag Berlin, 1959.

Die dort in Fußnoten erwähnten Änderungen und Ergänzungen in der von Engels besorgten Ausgabe von 1891 wurden in den Text übernommen und durch Fußnoten gekennzeichnet (bezeichnet mit: N.Rh.Z.) Auch die von Engels vorgenommene Änderung von Franc und Centime in Mark und Pfennig wurde berücksichtigt.

Zur Entstehungsgeschichte der Schrift „Lohnarbeit und Kapital" siehe die Einleitung von Engels zur Ausgabe von 1891 (S. 5–15 dieser Ausgabe) *17*

12 Gemeint sind die Revolutionen am 23. und 24. Februar in Paris, am 13. März in Wien und am 18. März 1848 in Berlin. *17*

13 Das Versprechen „Fortsetzung folgt" konnte von Marx nicht erfüllt werden. Siehe dazu auch die Anmerkungen 4 und 14. *53*

14 Nach: Karl Marx / Friedrich Engels, Werke, Band 6, S. 535–556, Dietz Verlag Berlin, 1959.

Das Manuskript „*Arbeitslohn*" von Karl Marx steht im unmittelbaren Zusammenhang mit seiner unvollendeten Schrift „Lohnarbeit und Kapital" und ist eine wichtige Ergänzung derselben. Das Manuskript, das im Archiv der deutschen Sozialdemokratie erhalten blieb, wurde in deutscher Sprache erstmalig in der Zeitschrift „Unter dem Banner des Marxismus", 1. Jahrgang, Heft 1, März 1925, veröffentlicht.

Die Aufschrift auf dem Umschlag des Manuskriptes („Brüssel, Dezember 1847"), die einleitende Zusammenfassung dessen, was bereits auseinandergesetzt wurde, sowie die Form der Darlegung und der Inhalt des Manuskripts selbst lassen vermuten, daß diese Niederschrift eine Vorarbeit für den letzten oder einige der letzten Vorträge war, die Marx in der zweiten Dezemberhälfte 1847 im Brüsseler Deutschen Arbeiterverein gehalten hat. Diese Annahme wird noch dadurch erhärtet, daß sich Marx, während er an dieser Arbeit schrieb, bereits auf seine bekannte „Rede über die Frage des Freihandels" vorbereitete, die er am 9. Januar 1848 in einer öffentlichen Versammlung der Association démocratique in Brüssel hielt. Davon zeugt ein Hinweis im Text des Manuskripts.

Im Manuskript „Arbeitslohn“ wie auch in „Lohnarbeit und Kapital“ spricht Marx davon, daß der Arbeiter dem Kapitalisten seine Arbeit verkauft. In seinen späteren ökonomischen Schriften legte Marx dar, daß der Arbeiter dem Kapitalisten nicht seine Arbeit, sondern seine Arbeitskraft verkauft.

Der in Marx/Engels-Gesamtausgabe (MEGA), Erste Abteilung, Band 6, veröffentlichte Text des Manuskripts „Arbeitslohn“ wurde nochmals mit der Handschrift verglichen. Dabei konnten einige neue Lesarten festgestellt werden, die in die vorliegende Ausgabe übernommen wurden. Wesentliche Abweichungen sind in Fußnoten vermerkt. *55*

15 Die Angaben über die Länge des Arbeitstags und die Anzahl der Weber entnahm Marx Carlyles Buch „Chartism“, in dem es heißt: „Eine halbe Million Handweber, die 15 Stunden am Tage arbeitet, ist trotzdem niemals in der Lage, sich mit der notwendigen Menge einfachster Nahrung zu versorgen“ (Thomas Carlyle, „Chartism“, S. 31). *56*

16 Der *Auszug aus der Rede Bowrings* vom 28. Juli 1835 im englischen Unterhaus wird in William Atkinsons Buch „Principles of Political Economy ...“, S. 36–38, zitiert. Die vollständige Rede ist veröffentlicht in „Hansard's Parliamentary Debates: Third Series ... Vol. XXIX“. *56*

17 Den Auszug aus der Rede Bowrings im Unterhaus benutzte Marx in seiner „Rede über die Frage des Freihandels“, die er am 9. Januar 1848 in einer öffentlichen Versammlung der Association démocratique in Brüssel hielt (Karl Marx / Friedrich Engels, Werke, Band 4, S. 444–458). *56*

18 *chargeable labourers* – Marx meint den folgenden Ausspruch Carlyles zu den englischen Armengesetzen: „Wenn man die Armen unglücklich macht, dann werden sie unweigerlich in Massen zugrundegehen. Das ist das Geheimnis, das alle Rattenvertilger kennen: man verstopfe die Ritzen in den Speichern, man schaffe ununterbrochenes Miauen und Unruhe, man lasse Rattenfallen arbeiten – und eure ‚chargeable labourers‘ (zur Last fallenden Arbeiter) verschwinden, werden ausgerottet. Eine schnellere Methode ist Arsenik, und wohl auch humaner ...“ (Thomas Carlyle, „Chartism“, S. 17). *56*

19 John Ramsay MacCulloch, „The Principles of Political Economy“, S. 319. *57*

20 John Wade, „History of the Middle and Working Classes", S. 125 (Fußnote). *57*

21 John Wade schreibt: „Die Quantität der aufgewandten Arbeit (the quantity of employment) ist in jedem Industriezweig veränderlich. Sie wird beeinflußt durch den Wechsel der Jahreszeiten, der Mode oder durch die Veränderlichkeit des Handels" (John Wade, „History of the Middle and Working Classes", S. 252). *58*

22 Gemeint ist der Stücklohn (John Wade, „History of the Middle and Working Classes", S. 267). *58 64*

23 *Trucksystem* – System der Entlohnung durch Waren. Babbage schreibt dazu: „Dort, wo die Arbeiter ihren Lohn in Produkten erhalten oder gezwungen werden, im Laden des Fabrikherrn zu kaufen, gibt es gegenüber den Arbeitern viele Ungerechtigkeiten, und die Folge ist großes Elend." „Zu groß ist die Versuchung für den Fabrikherrn, während der Depression den Reallohn zu senken (durch Preiserhöhung für die Waren in seinem Laden), ohne den Nominallohn zu vermindern, um dem widerstehen zu können." (Charles Babbage, „On the Economy of Machinery and Manufactures", S. 304). *59 63*

24 Andrew Ure, „Philosophie des manufactures, ou économie industrielle", T. I, S. 34, 35. *59*

25 Pellegrino Rossi, „Cours d'économie politique", T. 1, S. 369/370. *59*

26 Antoine-Elysée Cherbuliez, „Riche ou Pauvre", S. 103–105, 109. *60*

27 John Francis Bray, „Labour's Wrongs and Labour's Remedy", S. 152/153. *60*

28 In seinen Auszügen aus Carlyles Buch „Chartism" bringt Marx folgenden Passus: „In Irland gibt es etwa 7 Millionen Arbeiterbevölkerung, deren dritter Teil, wie die Statistik beweist, jährlich dreißig Wochen lang nicht genügend Kartoffeln hat, und sei es auch nur dritte Sorte" (Thomas Carlyle, „Chartism", S. 25). *65*

29 Nach: Karl Marx / Friedrich Engels, Werke, Band 16, S. 101–152, Dietz Verlag Berlin, 1973.

Vorliegende Abhandlung ist die Niederschrift eines Vortrags, den Marx in englischer Sprache auf den Sitzungen des Zentralrats am 20. und 27. Juni 1865 hielt. Anlaß zu diesem Vortrag war das Auftreten John Westons, eines Mitglieds des Zentralrats, am 2. und 23. Mai. Weston hatte hierbei nachzuweisen versucht, daß eine allgemeine

Erhöhung des Arbeitslohns den Arbeitern nichts nütze, und daraus abgeleitet, daß Gewerkschaften „schädlich" wirken.

Marx' Manuskript für den Vortrag ist erhalten geblieben. Der Vortrag wurde erstmals 1898 in London von Marx' Tochter Eleanor unter dem Titel „Value, price, and profit" veröffentlicht, versehen mit einem Vorwort von Edward Aveling. Die Einleitung und die ersten sechs Abschnitte tragen im Manuskript keine Überschriften. Diese wurden von Aveling hinzugefügt und sind im vorliegenden Text in eckige Klammern gesetzt. *83*

30 Siehe Karl Marx / Friedrich Engels, Werke, Band 16, S. 509. *83*

31 *Gesetze über das Maximum* – die vom Konvent am 4. Mai, 11. und 29. September 1793 und 20. März 1794 erlassenen Gesetze, welche feste Höchstpreise für Getreide, Mehl und andere Verbrauchsgüter sowie ein Maximum für den Arbeitslohn festsetzten. *93*

32 Im September 1861 fand in Manchester die 31. ordentliche Jahresversammlung der Britischen Gesellschaft zur Förderung der Wissenschaft statt, bei der Marx zugegen war, da er zu dieser Zeit bei Engels zu Besuch weilte. Auf der Versammlung sprach auch William Newmarch, der Vorsitzende der ökonomischen Sektion der Gesellschaft (bei dessen Namen Marx ein Schreibfehler unterlief). Newmarch eröffnete die Tagung der Sektion und hielt einen Vortrag mit dem Thema: „On the extent to which sound principles of taxation are embodied in the legislation of the United Kingdom" (siehe „Report of the thirty-first meeting of the British association for the advancement of science; held at Manchester in September 1861", London 1862, S. 230). *93*

33 *Russischer Krieg* – der Krimkrieg (1853–1856), den England, Frankreich, Sardinien und die Türkei gegen Rußland führten. *95*

34 Die *massenhafte Zerstörung der Wohnhäuser der Landarbeiter* in England Mitte des 19. Jahrhunderts war eine Begleiterscheinung des schnellen Wachstums der kapitalistischen Industrie und der Einführung der kapitalistischen Produktionsweise in die Landwirtschaft, was Hand in Hand mit einem beträchtlichen Anwachsen der relativen Übervölkerung ging. Die massenhafte Zerstörung der Wohnhäuser in den ländlichen Gegenden wurde besonders auch dadurch gefördert, daß die Höhe der von den Grundherren zu zahlenden Armensteuer wesentlich von der Zahl der Armen abhing, die auf dem Grund und Boden der Grundherren wohnten. Die Grundherren ließen deshalb bewußt jene Wohnstätten abreißen, die

sie selbst nicht benötigten, die aber der „überzähligen" Bevölkerung auf dem Lande als Obdach dienen konnten. (Näheres hierüber siehe Karl Marx / Friedrich Engels, Werke, Band 23, S. 701–722.) *95*

35 Der Vortrag „The Forces used in Agriculture" wurde von dem Sohn des 1864 verstorbenen John Morton, John Chalmers Morton, gehalten.

Society of Arts and Trades (Gesellschaft der Künste und Gewerke) – eine 1754 begründete philanthropische Gesellschaft, die der Aufklärung nahestand. *95*

36 Das Gesetz über die *Abschaffung der Korngesetze* wurde am 26. Juni 1846 vom englischen Parlament beschlossen. Die sog. Korngesetze, die auf eine Beschränkung oder das Verbot der Getreideeinfuhr aus dem Ausland gerichtet waren, wurden 1815 in England im Interesse der großen Grundbesitzer, der Landlords, eingeführt. Die Annahme des Gesetzes von 1846 bedeutete einen Sieg der industriellen Bourgeoisie, die unter der Losung des Freihandels gegen die Korngesetze kämpfte, um billigere Arbeitskräfte zu erhalten. *96*

37 Adam Smith, „An inquiry into the nature and causes of the wealth of nations", Vol. 1, Edinburgh 1814, S. 93. *117*

38 *Antijakobinerkrieg* – die Kriege Englands gegen Frankreich von 1793 bis 1815 in der Periode der Französischen Revolution. Während dieser Kriege errichtete die englische Regierung ein Terror-Regime gegen die englischen Werktätigen. Während dieser Zeit wurden verschiedene Volksaufstände in England unterdrückt und Gesetze erlassen, die jegliche Arbeiterkoalitionen verboten. *137*

39 „An essay on trade and commerce: containing observations on taxes". Als Verfasser dieser anonymen Schrift gilt J. Cunningham. *138*

40 Von Februar bis März 1832 erfolgte im englischen Parlament die Debatte über die 1831 vorgelegte Bill über die Beschränkung des Arbeitstages für Kinder und Jugendliche auf zehn Stunden. *138*

41 *Juggernaut* (Dschagannat) – eine der Gestalten des Gottes Wischnu, einer der höchsten hinduistischen Götter. Der Dschagannat-Kult zeichnete sich durch ein besonders prunkvolles Ritual und durch äußersten religiösen Fanatismus aus, der in Selbstkasteiungen und Selbstopferungen der Gläubigen seinen Ausdruck fand. An großen Feiertagen warfen sich Gläubige unter den Wagen, auf dem sich ein Bildnis des Wischnu-Dschagannat befand. *140*

42 Nach den *Armengesetzen,* die in England seit dem 16. Jahrhundert bestanden, wurde in jedem Kirchspiel eine besondere Armensteuer erhoben. Einwohner des Kirchspiels, die nicht für sich und ihre Familie sorgen konnten, erhielten durch die Armenhilfskasse eine Unterstützung. *144*

43 Im ersten Band des „Kapitals", Anm. 253 zum 25. Kapitel, schreibt Marx: „Es handelt sich hier von *wirklichen Kolonien,* jungfräulichem Boden, der durch freie Einwanderer kolonisiert wird. Die Vereinigten Staaten sind, ökonomisch gesprochen, immer noch Kolonialland Europas. Übrigens gehören auch solche alte Pflanzungen hierher, wo die Aufhebung der Sklaverei die Verhältnisse gänzlich umgewälzt hat." (Siehe Karl Marx / Friedrich Engels, Werke, Band 23, S. 792.) Nachdem der Boden in den Kolonien überall als Privateigentum annektiert worden war, wurde die Verwandlung von Lohnarbeitern in selbständige Produzenten unmöglich. *146*

INHALT